LA LITERATURA DEL CARBONO
Guía sobre Ciencia, Espiritualidad y Meditación

MAURÍCIO DE MELLO

LA LITERATURA DEL CARBONO

Guía sobre Ciencia, Espiritualidad y Meditación

Con prólogo de Omar Jaled Mustafa Chama

Traducción de Lucie de Lannoy

Brasília

EDITORA ESPAÇO LUZ

2020

LA LITERATURA DEL CARBONO

Guía sobre Ciencia, Espiritualidad y Meditación

1ª edición

Copyright © 2019 Maurício De Mello

EDITORA ESPAÇO LUZ

instituto.eluz@gmail.com

Traducción de Lucie de Lannoy

CAPA

Maurício De Mello

Montaje sobre foto de Quipu Inca

en exposición en Los Angeles County Museum of Art

(LACMA)

Índice

"Sometimes, I feel the past and the future pressing so hard on either side that there's no room for the presente at all".
(A veces, siento al pasado y al futuro haciendo tanta presión de ambos lados que no queda espacio para el presente).
Evelyn Waugh. *Brideshead Revisited: The Sacred and Profane Memories of Captain Charles Ryder.*

"En el camino encontré a un viejo *sannayasi* llamado Ganaka, que me dijo algo importante: "deje que el mundo sea su maestro"."
Deepak Chopra. *Buda, La historia de un iluminado.*

Dedicado a estas guerreras determinadas,

Mi amada esposa,

Ana Cristina

y mis queridas hermanas,

Myriam, Maercia y *Mirtes*.

Dedicado, también, a un ser lleno de luz,

Mi hijo *André*.

PRÓLOGO

Yo sabía que la "Literatura del Carbono" estaba siendo redactada. En esos momentos pensé en cómo ella sería importante para que todo ser humano pudiera generar una profunda reflexión sobre el sentido de la propia existencia.

Me sentí completamente sorprendido y enormemente halagado cuando una personalidad admirable, como lo es la de su autor Dr. Mauricio De Mello, me invitó a hacer el prólogo de la edición en español.

De la lectura de todo el gran bagaje de informaciones que la obra nos proyecta, recordé de inmediato el pensamiento metafórico y metafísico de *LAO TSE –"TAO TE KING"*, que libremente reinterpreto así:

"Muchos rayos convergen hacia el centro de una rueda, pero es el vacío del centro el que lo hace útil.

Con arcilla se moldea un recipiente, pero es precisamente el espacio que no contiene arcilla el que aprovechamos como valioso.

Abrimos puertas y ventanas en las paredes de una casa, pero es en sus espacios vacíos que podemos habitarla.

Así, de la EXISTENCIA provienen las cosas y de la NO EXISTENCIA su utilidad".

Con rigor, el argumento principal de la obra se apoya en la investigación científica y consigue armonizar puntos de vista muy libres y diferentes de la percepción personal del autor, que unen siempre la gratitud por lo aprendido y la obligatoria libertad de pensar y continuar contribuyendo con un conocimiento que crece y que, analizándolo bien, nos hace más responsables a todos nosotros lectores por nuestro enriquecimiento educativo sobre el Universo, su origen y la presencia de todo lo que es vivo, como también de su constante evolución.

En este precioso compendio de los elementos fundamentales que explican la perfección de la arquitectura que crea y recrea todo lo que existe en el Universo, hay una significativa e invisible armonía de Ciencia con Espiritualidad que une a toda la humanidad con independencia de creencias específicas. El autor, en lugar de entrar en el dilema de extremos ¿"Dios creó el cerebro, o el cerebro lo creó a Dios?", de manera convincente nos presenta fenómenos que la ciencia puede explicarnos con la seguridad y principios que se identifican con una mística sagrada y perfecta.

A nivel personal y también a nivel profesional, por representar como director en América del Sur y Portugal a la Organización Mundial Silva Internacional (Texas-USA), cuyos programas en más de 100 países y por más de medio siglo de investigaciones ayudan a todo ser humano en el manejo del Stress y el Desarrollo de la Creatividad, considero este libro, por su seriedad y enfoque de propósito, como importante motivador de creencias y comportamientos que pueden encaminarnos hacia la meta de UN MUNDO MEJOR PARA VIVIR.

Omar Jaled Mustafa Chama

São Paulo, octubre 2020.

LA RACIONALIDAD AMOROSA COMO UN OBJETIVO

Este texto es un llamado a la racionalidad. No cualquier racionalidad, sino una racionalidad espiritualista, dotada de amor. Una racionalidad direccionada hacia el valor inmaterial impregnado en lo que llamamos de materia. Una racionalidad en armonía con la idea de que hay muchos misterios aún no desvendados. Y que al mismo tiempo acepte, por lo menos provisoriamente, a aquellos hechos de la naturaleza que ya fueron desvendados por la humanidad, mientras no surjan otras teorías y no sean comprobadas.

El Universo nos dotó, a todos nosotros, de inteligencia y se recomienda su uso en el sentido de comprender y de tratar de entender la realidad a nuestro alrededor. La inteligencia puede ser más importante que la bondad, pues, si la bondad fuere inteligente es capaz de llegar en quien realmente la necesita y evita la explotación de quien es bondadoso. Hasta una abeja, con apenas unas 840.000 neuronas, es capaz de tareas complejas que implican en la comprensión, de cierta forma, de la realidad. No se trata de mera repetición de un programa injertado genéticamente en esos simpáticos insectos. Una experiencia ha demostrado que es posible entrenar algunas abejas para que arrastren una bolilla hasta un agujero, a cambio de una gota de agua azucarada. La inteligencia aquí referida no está en el aprendizaje, a pesar de que esta capacidad de aprender de un pequeño insecto sea interesante. La inteligencia está en la capacidad que tiene la abeja de situarse en el espacio, diferenciando al agujero de los demás elementos y localizando a la dirección de este. Obsérvese que la abeja no está siguiendo directamente a la gota de agua azucarada que aún no se le ha puesto a disposición. Ella sigue a la idea de la gota de agua relacionada al agujero. Aun tratándose del resultado de un condicionamiento, la abeja necesita localizarse en el espacio para alcanzar el objetivo. Busquen el video en la *internet*.

No todos nosotros necesitamos ser científicos, partiendo entusiasmados y felices en búsqueda de desvendar lo oculto, lo desconocido, sin ninguna garantía de éxito. A veces, ellos dedicarán sus vidas a una búsqueda infructífera. No necesitamos hacer esas investigaciones. Podemos valernos de descubrimientos que ya se han realizado y así, aumentar nuestra capacidad de entender y de comprender la realidad. Hablo aquí de inteligencia, pero no voy a arriesgarme a discutir la conciencia, un fenómeno mucho más investigado, infelizmente, con pocos avances, a pesar de innúmeras, creativas e inteligentes teorías. Apenas, más adelante, voy a mencionar a algunas de esas ideas osadas.

¿Con que autoridad resolví escribir este texto? Con relación a la autoridad, no tengo ninguna. Soy un mero practicante de meditación y asiduo lector de textos científicos por curiosidad y placer. Así, no esperen un rigor científico. Ni siquiera me voy a dar al trabajo de citar fuentes. Las ideas aquí tratadas son de pleno dominio de la humanidad. Todas pueden ser fácilmente investigadas y confirmadas con uno o dos *cliques* en una herramienta de búsqueda en *internet*. Pero, cuando se trate de mencionar estudios particulares, voy a dar las informaciones específicas para que se los localice, como indicar la institución o la universidad patrocinadora, el nombre del investigador responsable y local de publicación.

¿Pero, que fue lo que me llevó a escribir? La respuesta está, en primer lugar, en mi experiencia sorprendente de la meditación. En pocos meses de práctica, muchas cosas cambiaron, mejoró mi salud física y mental. Es preciso que se diga, que yo me creía como alguien que hace parte de la mayoría de la población que se cree incapaz de practicar meditación. Quedarme media hora sin moverme, me parecía algo inviable. Por otro lado, cuando comencé a meditar, por medio de meditaciones guiadas disponibles en *internet*, quería usar la meditación para relajar y hasta para dormir. Yo, de hecho, caía en el sueño, pero meditación no es para eso. Sin embargo, en poco tiempo, y bajo la orientación de personas entrenadas, conseguí comenzar a meditar de forma adecuada. Solo eso, ya me hizo sentir el deseo de compartir mi experiencia.

Durante cuatro años desempeñé una actividad que me obligó a viajar a trabajo, por diversos Estados brasileños. En esos viajes, encontré a muchos colegas que entraron en contacto conmigo y me relataban más y más problemas de salud, física y mental. Mi profesión no me parece especialmente estresante, aunque exija gran responsabilidad. Entonces, empecé a quedarme intrigado con los relatos que me hacían.

A esos testimonios de mis colegas se sumaron estudios sobre el número de salidas para tratamiento médico, realizados por la Institución en la cual trabajo. A partir de esos estudios se pasaron a tomar medidas administrativas, como, por ejemplo, la creación de un programa nacional de salud.

Como todo eso continuaba a dejarme intrigado, lo compartí con mi médico particular. Le comenté que yo estaba recibiendo relatos con un número cada vez mayor de quejas con problemas de salud, a pesar de que no me parecía un trabajo especialmente estresante. El médico respiró profundamente y me dijo: "no es en su trabajo que eso está pasando, sino en todas partes. Yo también recibo un número de quejas de problemas de salud cada vez mayores y de un número cada vez mayor de pacientes. Es el mundo que se está enfermando".

Durante ese periodo fue testigo de muchas muertes y de enfermos graves próximos a mí. Y de personas aún lejos del límite de expectativa de vida. En un periodo de dos años, hubo un gran número de muertes de colegas de trabajo. Normalmente, solo nos deja un colega de trabajo por año, porque se jubila. Entre los años de 2016 y 2017, nueve colegas, todos activos en el trabajo, fallecieron. Casi la mitad de ellos fue por un cáncer agresivo. Entre esos colegas, el más joven tuvo un infarto fatal mientras trabajaba. Otro, estaba enfrentando una grave depresión y terminó por suicidarse. Felizmente, ese número elevado de muertes, no se repitió en 2018.

En el ámbito familiar, perdí a mi padre y a mi madre, a ellos con una edad ya más avanzada. Me puse a pensar en lo que yo podría hacer para llegar a la edad que ellos llegaron y en buena salud. Mis padres tenían la costumbre de rezar el rosario y leían juntos, todas las noches, una oración especial. Era un tipo de meditación.

En ese periodo, fue muy angustiante el tener que acompañar la lucha de dos personas, próximas a mí, que enfrentaron el cáncer. Felizmente, parece que las dos consiguieron superar la enfermedad, pero con una determinación y una fuerza que siento falta en mí.

Yo soy una persona escéptica por naturaleza. Me alejé muy tempranamente de la religión que venía de la tradición familiar, la religión católica, aunque practique y trate de practicar valores cristianos. Sin embargo, nunca me consideré materialista en el sentido de considerar al Universo un local fríamente mecánico. Al contrario, siempre me pareció que la materia era algo contradictoriamente inmaterial. Yo repetía que el mundo espiritual es el mundo en que vivimos, probablemente, no haya otro mundo. La naturaleza tuvo un trabajo tremendo para crearnos con la complejidad inherente a la vida y a la conciencia. ¿Porque ella iría a pasar por todo eso, si hubiera una manera de que viviéramos y de que probáramos algún tipo de existencia y de conciencia, sin las partículas de materia que componen nuestra estructura?

Al mismo tiempo, el Universo no me parecía un lugar justo y acogedor. Al contrario, me parecía más bien violento, con explosiones, extinciones en masa, predadores que se tragaban a sus presas vivas, aparentemente, sin ningún remordimiento. Me parecía un Universo algo perverso.

La práctica de la meditación, junto a la búsqueda de una conciencia más amplia, me llevó a seguir siendo escéptico, pero con una diferencia crucial. El Universo pasó a parecerme mucho más acogedor, pese a ser un Universo al mismo tiempo creador y destruidor. Eso, porque, al menos, subjetivamente, comencé a ver al Universo de un modo más amplio y completo. Simplemente, paré de darle énfasis, en mi mente, al lado destruidor del Universo. Y pasé a comprender mejor la necesidad de la destrucción como equilibrio, inclusive, la muerte. Todo eso, en base a una vivencia personal no dirigida por dogmas religiosos.

Fui en busca de alguna lectura con la cual identificarme. Deepak Chopra, cuyo libro sobre Buda, yo había leído y me había gustado mucho, se destacó naturalmente. A mí, realmente, me gusta, su manera de pensar, aunque yo no esté de acuerdo con muchas de sus conclusiones, al menos por ahora. Me parece que él no puede afirmar con tanta certidumbre todo lo que afirma. Pero, por eso, quien lea este texto que escribo y lo compare a algunas obras de Deepak Chopra, va a encontrar algunas coincidencias. No se trata de plagio, ya que no son ideas exclusivas ni de él, ni mías, son de dominio público. Pero, yo debo contar algo misterioso que me sucedió.

En mi proceso de búsqueda de un camino espiritual, asistí a una charla en un evento sobre la importancia del agua, con la participación de diversos líderes espirituales de varias corrientes religiosas. Inspirado por lo que oí en esa charla, escribí un texto que hablaba sobre el carácter sagrado del agua. La puse en el contexto del conocimiento científico sobre el Universo y la creación de la vida. Pocos días después, hice un curso de meditación (Primordial Sound), en el Deepak Chopra Center, en California. Fue un curso breve e intenso. Yo ni sabía si Deepak Chopra estaría o no presente. Pero él estuvo y me gustó mucho lo que él presentó, en especial, porque había innúmeras coincidencias entre lo que él dijo y lo que yo había escrito poco antes. Y algunas de las coincidencias eran casi literales. Yo había leído solo dos libros de él, el de la biografía de Buda y el de las "Siete leyes espirituales". Ninguno de los dos habla sobre ciencia, astronomía, física o biología. Pero su charla, a la cual yo asistí en vivo y en directo, sí, hablaba de esos temas. Y de una manera como la que a mí me gustaría poder hablar y que, en realidad, era similar al modo como yo me había expresado al escribir sobre el agua. Una parte de ese texto sobre el agua fue incorporado a este libro.

Las coincidencias no acaban en este relato. Después del curso de meditación, leí otros dos libros de Deepak Chopra, *Tú eres el Universo* (en sociedad con el físico del MIT, Menas Kafatos), y *El futuro de Dios*, que trata de un concepto de Dios no religioso, un concepto de Dios, construido por la experiencia individual, basado en la observación directa de la naturaleza y no en dogmas religiosos. Una idea muy atrayente para mí. Pero existe una diferencia notable entre la manera como pienso y quiero ver a la meditación y la manera como Deepak Chopra piensa. Aunque él se diga ser más o menos neutral con relación a las religiones, queda evidente que él le da bastante énfasis al pensamiento oriental, en particular, al pensamiento relacionado con las tradiciones antiguas de la Índia, su país natal. Tal vez yo esté diciendo esto, como quien deja transbordar una visión cristiana occidental, pero, mi intención es evitar seguir vertientes religiosas específicas, y tratar a los temas religiosos de una forma holística.

Quiero afirmar, sin embargo, en defensa explícita de Deepak Chopra, que me parecen injustas las acusaciones que le han dirigido algunos científicos, porque él se sirve de conceptos científicos para fundamentar sus creencias. Y esos científicos llaman a eso de pseudociencia de la nueva era. Es verdad, que hay charlatanes que venden productos "energizados cuánticamente" y que prometen atajos milagrosos para obtener salud. No es el caso de Deepak Chopra. Lo que él ofrece es un camino consagrado y disponible para cualquiera poder seguir por su propia cuenta. Pensamientos positivos, meditación, alimentación equilibrada, ejercicios, contacto con la naturaleza, todos esos elementos para una buena salud son defendidos por Deepak Chopra y por muchos otros más también.

Durante el proceso de investigación y de *insights* para temas que serán tratados aquí, he anotado muchas ideas. Leí, nuevamente, algunos trechos de *Tú eres el Universo* y cito a algunos de ellos en este libro. Esos trechos, que fueron elegidos, aparentemente, de forma aleatoria, parecen dialogar con lo que estoy investigando y escribiendo. Sin embargo, hay una experiencia en particular que me dejó intrigado y admirado, al mismo tiempo. Después de una misión de trabajo, mientras estaba siendo conducido al aeropuerto, tuve un *insight*. Anoté en mi portable que debería hablar sobre la división celular que ocurre desde la concepción hasta la formación de nuestro cuerpo durante la gestación. Más adelante (en este libro), voy a tratar, justamente, de ese tema, y relacionar el proceso de la diferenciación celular con la comunicación (o señalización) celular.

Mientras estoy escribiendo este pequeño texto, comencé a hacer algunos cursos *on line*, con charlas y textos de Deepak Chopra. Como estaba diciendo, tomé unas notas sobre la diferenciación y comunicación celular, a camino del aeropuerto. Y, en la sección a la cual tuve acceso al día siguiente, sobre la optimización de la expresión genética por medio de la meditación, Chopra comenzó hablando sobre los elementos fundamentales de la vida, el hidrógeno, el carbono, el nitrógeno y el oxígeno, y de como ellos se combinan para formar el ADN, y de que ese procedimiento sería la forma "escrita" de comunicación del Universo. Las letras CGAT, correspondientes a las proteínas del ADN, serían las letras del alfabeto universal; las moléculas orgánicas, las palabras y el cuerpo, la historia entera. Eso, es casi exactamente, de lo que quiero hablar aquí. Repito, esas no son ideas originales de él, solamente, ni, tampoco, mías. En realidad, mis conclusiones son algo diferentes, pues, mi idea de "alfabeto" no se basa en las letras CGAT, pero, sí, en las propias partículas esenciales para la vida. Lo que me parece interesante, es la absoluta coincidencia en la línea de pensamiento. Al fin y al cabo, yo nunca lo había oído hablar sobre eso. Es como si yo hubiera estado siendo influenciado por él, por anticipado. Además, hay otras coincidencias más. En el mismo video, al que me referí anteriormente, él habla bastante sobre el misterio de la diferenciación celular, a partir de la división celular que comienza con apenas una célula – y que irá dividiéndose en células idénticas -, termina con algunos grupos de ellas diferenciándose para formar a los órganos. Nadie sabe cómo. Es así, sencillamente. Como ya lo dije, la diferenciación celular en la embriogénesis fue mi *insight* un día antes de asistir al video de Chopra.

Todo esto puede no pasar de meras coincidencias. O puede tratarse de sucesivos casos de sincronía, como solía llamarlos Carl Jung. Para mí, subjetivamente, me pareció una señal. "Es por ahí, sigue adelante. Tienes algo importante para decir. Las personas te van a oir".

Otra señal, subjetiva, que me anima a trillar este camino, confirmándome, parece venir de los libros del físico consagrado y divulgador científico, Marcelo Gleiser. Él divide con Deepak Chopra, el lugar de autores de referencia para este texto. A uno de sus libros, "Creación Imperfecta", lo llevé conmigo, cuando fui a hacer el curso de meditación en los Estados Unidos. No se porque, tuve la intuición de que iría a ayudarme. Yo ya lo había leído un tiempo atrás. Entonces, fue solo en el viaje de regreso, que volví a hacer una relectura. Lo que leí, dialogaba perfectamente con lo que me pasaba por la cabeza, después del curso de meditación, incluso, de cierta forma, trayéndome de vuelta a la realidad, sin cerrar las puertas para los significados espirituales de todo lo que yo estaba vivenciando.

Mientras me encontraba coleccionando temas para desarrollar en este texto, Marcelo Gleiser recibió un premio de destaque por su trabajo sobre ciencia y espiritualidad, tratados como siendo temas compatibles. Inmediatamente, busqué en la *internet* algún libro suyo, teniendo en mente el propósito de buscar inspiración. El primer libro que encontré en mi búsqueda y que enseguida apareció como *e-book*, sin que yo supiera nada de lo que trataba, fue *La simple belleza del inesperado.*

Así, a primera vista, el libro me pareció promisor, por el epígrafe: "Como sabemos, el agua conduce al hombre a la meditación" (trecho de Moby Dick, de Herman Melville). El agua me había llevado a meditar. Y el agua es un tema esencial de mi texto.

Ese libro de Marcelo Gleiser es un libro mucho más sencillo que los demás libros que leí de él. Como tela de fondo está su experiencia como pescador de truchas, es gracioso, delicado. Pero, basta darle una ojeada al índice para ver que tiene todo lo que quiero discutir aquí. Entonces, puedo afirmar que Marcelo Gleiser es, por anticipado, una influencia más que recibí.

Curiosamente, uno de los temas de Marcelo Gleiser es sobre las coincidencias que parecen señales. Él dice que no cree que esas coincidencias impactantes se refieran a alguna entidad divina que esté actuando personalmente para mostrar algo. A él le parece que sea algo más sencillo: "Lo que debe ser venerado aquí no es una entidad mágica y esquiva, pero sí, la felicidad que lo ocurrido me trajo, el impacto emocional que tuvo en aquel momento de mi vida".

Pero, algo aún más curioso, fue lo que un amigo me contó, que un poco después de leer la primera versión de este texto, él prendió la televisión y justo pasaba una entrevista con Marcelo Gleiser. A él le parecía que estaba dando continuidad a lo que había acabado de leer. Claro, el físico espiritualista está en evidencia por haber ganado un premio mundial. Pero, muy probablemente, mi amigo se quedará los próximos 365 días sin ver nada más de Marcelo Gleiser. ¿Por qué él lo vio justamente cuando yo estaba reflexionando sobre esos temas? ¿Pura coincidencia? Tal vez.

Pero, de hecho, no consigo creer que sean apenas coincidencias, a pesar de no poder saber si se trata de alguna fuerza sobrenatural que guía mi camino, o algún fenómeno sicológico. Como para Marcelo Gleiser, para mi también, lo más importante es la "felicidad que lo ocurrido me trajo". Y, aunque Marcelo Gleiser rechace la via sobrenatural para explicar las coincidencias, después que él contó un caso misterioso y que le llamó la atención en su vida (no voy a servir aquí de *spoiler*), él se preguntaba:" ¿Será que es posible aceptar el misterio y, al mismo tiempo, buscar explicaciones racionales del mundo natural? Es posible y es más fácil de lo que parece. Explorar a ambos caminos, inspirándonos en el misterio mientras la razón ilumina lo que está delante de nosotros, le da sentido a nuestra búsqueda, a nuestras vidas."

Así, tengo que confesar, tuve que ser testigo de otra serie de coincidencias extrañas, lo cual me hacen pensar en un milagro. No puedo contar mayores detalles sobre este asunto por llevar en cuenta a otra persona, quien estuvo frente a una situación en la cual se encontró, literalmente, a un milímetro de la muerte. Pero, sobrevivió. Hasta hoy, no sé porque me vi envuelto en esta casi tragedia humana, ni nunca lo voy a saber. Pero, lo que ocurrió, me dejó a mí, con un profundo impacto emocional.

Aún antes de que yo comenzara a meditar regularmente, aprendí, por la *internet*, un tipo de meditación para curar otra persona, lo que no parece tener mucho sentido. Si la meditación tiene efecto en nuestro cuerpo, es porque la mente hace parte del cuerpo, interfiere en el sistema de comunicación celular, en la producción de hormonas, de neurotransmisores. ¿Cómo puede ser posible que mi meditación ayude en la cura de otra persona? Pero, yo no meditaba racionalmente. La imagen utilizada por la meditación guiada era el de ofrecer una esfera dorada y brillante. A pesar de no ser un artista gráfico, dibujé una figura que meditaba y conducía una esfera dorada. Yo, sin saber, posicioné a la esfera amarilla a la altura del tercer chacra, el chacra del plexo solar, el cual, de costumbre, es representado por el color amarillo.

Yo todavía no leí nada ni escuché a Deepak Chopra o a otros autores discursar sobre la cura de otras personas por medio de nuestra propia meditación. Pero, para Deepak Chopra y para otros trascendentales eso debería hacer sentido, ya que ellos creen en que el campo energético ultrapasa a la persona y se integra a todo el Universo. A mí, personalmente, me parece que todo en el Universo esté, de alguna forma, vinculado. Pero, si no fuese necesario un contacto físico para poder transportar información curativa, ¿por qué la naturaleza iría darse el trabajo de hacer corrientes nerviosas para mover nuestros músculos y transmitir sensaciones? Yo sé, yo mismo ya lo mencioné aquí, el Universo no tiene porque hacer sentido para mí. Pero, esa convicción que tengo, de que es necesario un medio físico para poder transmitir informaciones al cerebro, ya fue cuestionada por muchas experiencias personales en las cuales, aparentemente, recibí informaciones de otra forma que no fue por medio de los órganos sensoriales.

Otro caso, además de aquel de la persona que pasó por una prueba trágica, se refiere a uno en el que yo meditaba por la cura de una persona próxima a mí y que estaba en tratamiento contra el cáncer. Le envié, a esta persona, un *link* con meditaciones guiadas por Deepak Chopra y por otras personas que trabajan con él. La meditación que a ella le gustaba más, terminaba con la frase: "Fill what is empty; empty what is full".

A esa frase la puse en la imagen de meditación curativa que hice y la imprimí como un pequeño cuadro. Se la pude entregar, personalmente, a Deepak Chopra, al término de su charla. En el último día del evento, Roger Gabriel, quien es auxiliar, desde hace décadas, de Deepak Chopra y es instructor de meditación y prácticas de yoga, profirió una charla leve y divertida. Me acuerdo de tres cosas que él dijo: no hay que llevar a nada demasiado a serio en la vida, ni siquiera la meditación; divulgar, si, la meditación como una buena práctica, pero, evitar parecer arrogante, o creerse mejor que los demás por practicarla. "No hay nada peor que el orgullo espiritual", dijo él. Y, por último, sus palabras fueron, exactamente, las siguientes: "remember, fill what is empty; empty what is full", "recuerde: llene lo que está vacío y vacíe lo que está lleno".

Usted no necesita semejantes experiencias para comenzar un proceso de aprendizaje como ese, porque como pretendo demostrarlo aquí, toda nuestra historia en este planeta es un milagro. Todos los días de nuestras vidas son milagrosos. Diariamente, producimos cien millones de leucocitos, un ejército dedicado a mantener la defensa inmunológica del organismo, amenazado continuamente de diversas formas. Esas células minúsculas, junto a inúmeros procesos, salvan, todo el tiempo, nuestra vida, de amenazas tan devastadoras cuanto, por ejemplo, un tiro en el pecho. Felizmente, no necesitamos interferir directamente en estos procesos. Nuestro papel, como trataré de demostrarlo más adelante, es lo opuesto, se trata de no perjudicar.

Cuando yo hacía el liceo, tuve una enorme dificultad con una disciplina en particular, que, en aquella época, se llamaba Química orgánica. Y, actualmente, la llaman, Química del carbono. De aquí en adelante, escribiré siempre Carbono con mayúscula, así como también, Hidrógeno, Nitrógeno y Oxígeno. Durante las clases, yo conseguía pensar, apenas, en el tolueno, un subproducto del petróleo y no conseguía ver que utilidad, saber eso tendría para mi vida. Creo que, en aquella época, ni siquiera aprendí que el nombre de la disciplina, química orgánica, vino de un tiempo en el que se creía que las moléculas orgánicas eran producidas solamente por seres vivos. Hoy en día, ya se conocen técnicas de creación de moléculas orgánicas artificiales y por eso, se ha vuelto a bautizar el nombre de química orgánica en química del Carbono. Irónicamente, uno de los primeros casos a los que tuve que hacer frente en mi vida profesional, como servidor público, fue de contaminación por tolueno y benceno, sobre sus efectos tóxicos en los trabajadores de una gasolinera. ¡Cómo se debería dar énfasis, en la enseñanza de la química del Carbono, a esos efectos nocivos de las moléculas orgánicas!

También recuerdo que, en las clases de química general, tratábamos de memorizar el orden de los elementos de la tabla periódica, con frases nemónicas, como, por ejemplo: "Lina, quiere robar el corazón de Francisco", para la lista de los metales alcalinos (Li, Na, K, Rb, Cs, Fr). Pensé que ya no se usaba más lo que llamábamos de aprender de memoria. Pero, encontré diversos sitios de *internet* que aún enseñan esas frases. Algunas son cómicas y hasta absurdas, como: Ninguna Profesora Asturiana Sobrevive en Bilbao (N, P, As, So, Bi), para la lista que parte de no-metales. Yo no le veía ninguna utilidad en memorizar eso. Y aún no le veo. Llegué a despreciar de tal modo a la química orgánica que repetí, no pasé, a pesar de que mis notas en física, historia, literatura eran excelentes. Puede ser, también, que haya sido debido a que, en nuestro país, la enseñanza era fragmentada y aún lo siga siendo en la mayoría de las escuelas. Nunca llegué a pensar en la química general o en la química orgánica como algo tan esencialmente presente en nuestro cotidiano, tan vinculado a la vida.

Pero, cuando observamos un paisaje con una catarata, las rocas, la vegetación, las nubes y el aire, estamos viendo algunos de los elementos químicos que fueron creados naturalmente. Solo eso ya debería ser motivo de interés. Debería llamarnos la atención, sobretodo, la relación de los elementos químicos con nosotros mismos y con los seres vivos. La química en general y la química orgánica, en particular, nos fueron enseñadas como cosas muertas, como utilitarismos o tecnicismos que sirven para la industria, como la petrolífera. Pero, muy poco con lo relacionado a la historia del ser humano en el Universo.

Esta cuestión tiene sus raíces en la diferencia de pensamiento entre Descartes, un mecanicista que establecía una gran diferencia entre el mundo abstracto del pensamiento y el mundo concreto de lo material, y, Aristóteles, quien veía a la inteligencia unida a la materia. Claro está que no son, exclusivamente, esos dos sabios los responsables por esa diferencia de visión de mundo. Ellos son representativos de dos periodos de la historia humana. Lo que sí sucede es que Descartes y los pensadores modernos tuvieron acceso a informaciones a las que los antiguos no tuvieron. La ciencia se desarrolló enormemente. El mundo visto a partir de una mirada científica es un mundo menos supersticioso, donde las cosas son más previsibles. O, por lo menos, lo eran, hasta que el desarrollo de las teorías de la mecánica cuántica trajo bastante incertidumbre, que aún no se ha absorbido completamente.

Retomemos la tabla periódica y veamos si ella podría haberse mostrado más interesante de lo que fue en mi época de estudiante. La orden de los elementos en la tabla periódica está determinada por el número de protones en el núcleo del átomo de cada elemento. Así, cuanto menos sean los protones de un elemento, estará más hacia la izquierda y más arriba. Y, cuanto más sean los protones, más hacia la derecha y hacia abajo estará el elemento. A este punto, pareciera solo un dato a ser memorizado, inútilmente.

Pero, entre los ocho primeros elementos, de ese orden, según el número de protones en el núcleo, encontramos a cuatro de ellos que son los más esenciales para la vida, como lo sabemos. Estos son los siguientes elementos: Hidrógeno (el primero de la tabla), Carbono (6°), Nitrógeno (7°) y Oxígeno (8°). El átomo del Carbono tiene seis protones en el núcleo, el Nitrógeno, tiene siete y el átomo del Oxígeno, tiene ocho protones.

El átomo de Hidrógeno es el primero de la tabla porque tiene un único protón en el núcleo y un único electrón. Nosotros nos acostumbramos con la imagen clásica de una esfera mayor (el núcleo), que tenía en su órbita una esfera menor y a corta distancia. Pero, la imagen real es muy diferente. En primer lugar, debido a la proporción. El electrón está relativamente muy distante al núcleo. Para tener una idea, si el núcleo fuera del tamaño de nuestro sol, el electrón quedaría a una distancia de más de siete veces mayor que la órbita de Plutón. Vamos a hacer una comparación que se pueda visualizar mejor. Si el núcleo del átomo tuviera el tamaño de una pelota de ping-pong, el electrón, del tamaño de un puntito hecho con la punta de una lapicera fina, estaría a tres quilómetros de distancia. La masa del electrón es de 1/1836avos de la masa del protón. El electrón es mil veces menor que el protón. Además, hoy ya no se habla en órbita, pero en una nube de probabilidad de encontrar al electrón, gracias a la incertidumbre inherente a la mecánica cuántica. El átomo es, por lo tanto, un enorme espacio vacío.

Los elementos se forman por medio de un proceso llamado núcleo síntesis estelar. Los núcleos de los átomos de un elemento se funden formando otro. Por ejemplo, hay el proceso de formación del átomo de Helio, a partir de dos átomos de Hidrógeno.

Otro ejemplo de síntesis nuclear es el proceso de creación de los átomos de Carbono, Nitrógeno y Oxígeno, uno a partir del otro, agregando protones del núcleo del Hidrógeno. Lo repito, esos tres elementos esenciales se forman mediante un proceso interconectado, del cual participa un cuarto elemento esencial, el Hidrógeno.

La síntesis nuclear sucede en las estrellas y forma a casi todos los elementos que se conocen, menos a dos de ellos. Podemos repetirlo (eso ya fue dicho por muchos y no pierde su belleza), que somos hechos a partir del "polvo de las estrellas".

Todos nos formamos con el polvo de las estrellas y nos alimentamos de luz (casi todos los seres vivos de la Tierra, excepto los microorganismos marinos que sacan la energía del calor de las "chimeneas" que hay en el fondo de los océanos). En el proceso de transformación de elementos de unos en otros, se liberan fotones, que son tan esenciales para la vida cuanto el agua. Es así, que el trabajo de las estrellas no acaba al abastecer de materia prima la estructura de la vida. Continua, por ejemplo, a partir de la emisión de fotones que alimentan de energía a todos los seres vivos, aún a la gravedad que mantiene a nuestro planeta en órbita.

Es esencial para la vida que haya un envío constante de fotones, energía electromagnética, que las plantas aprovechan por medio de la fotosíntesis. Los vegetales forman carbohidratos, como la glucosa ($C_6H_{12}O_6$), que acumulan la energía que se transporta para los animales. Pues, ningún animal consigue absorber la energía directamente del sol, apenas las plantas lo logran hacer. A veces, me parece que hay mucha gente que piensa que se podría vivir en un mundo sin plantas, comiendo apenas proteína animal, como lo hacen los carnívoros. Pero, además de que existan nutrientes presentes únicamente en las plantas y que son importantes para los omnívoros, en poco tiempo, toda la vida se extinguiría ya que solamente las plantas consiguen retirar energía del sol. Sin embargo, lo contrario sí sería posible como lo demuestran los veganos. Es posible vivir de apenas comer plantas y sus frutos, aunque se requiera de importantes cuidados para obtener determinados nutrientes.

Entre los elementos más abundantes del Universo, están aquellos esenciales para la vida, como sabemos. En especial, el Hidrógeno, el cual compone casi 75% de la materia del Universo, pero también el Carbono, el Nitrógeno y el Oxígeno.

Yo traté de la síntesis nuclear en la cual un elemento se funde formando otro elemento, y que eso forma a todos los elementos, menos a dos. Pero, y el Hidrógeno que contiene apenas un protón en su núcleo: ¿cuál sería el origen del Hidrógeno?

Hasta comienzos del siglo XX, los científicos creían firmemente que el Universo era estático y que había existido desde siempre. Albert Einstein, al investigar la esencia del Universo, por medio de cálculos matemáticos, verificó que había una peculiaridad en los resultados que había obtenido. Observó, según sus cálculos, que parecía que el Universo se estaba expandiendo, o sea, que las galaxias y las estrellas se estarían alejando las unas de las otras. Como eso era considerado por todos, hasta por él mismo, como un absurdo, él creó a lo que sencillamente denominó de 'constante cosmológica', un número agregado a la fórmula desarrollada capaz de anular al resultado de la 'expansión'. De ese modo, se podría obtener un Universo 'estático', como se creía que era.

Cuando se publicaron los trabajos de Einstein, comenzaron a ser estudiados por otros físicos, entre ellos, George Lemaître, un aplicado científico belga, físico, teórico, astrónomo y que era también un padre católico. Al revisar y estudiar en profundidad a los cálculos de Einstein, llegó a la conclusión de que, al prever la expansión del Universo,

Einstein estaba correcto y que había errado al crear la constante cosmológica. De esta forma, llegó a la conclusión de que, si el Universo se estaba expandiendo, al recular en el tiempo, hacia el pasado, el Universo estaría más y más compacto, hasta constituirse en un punto mínimo.

Lemaître tuvo la oportunidad de encontrarse personalmente con Einstein, el cual reaccionó a sus ideas diciéndole: "sus cálculos están correctos, pero su comprensión de la física es abominable".

Las ideas de Lemaître al principio fueron totalmente rechazadas por los científicos, físicos y astrónomos de la época y aún tachadas de ridículas. Y, en 1940, el físico Fred Hoyle, en un programa de radio, habría llamado, peyorativamente, de *Big Bang*, a la teoría de Lemaître. Posteriormente, Hoyle negó que lo hubiera dicho con intención de ironizar.

Tampoco el Papa de entonces, Pio XII, sirvió de apoyo a Lemaître, en el sentido de que se sirvió de la propuesta de éste para afirmar que ella confirmaba a la descripción de la Creación en el libro del Génesis. Lemaître negó, delicadamente, a las alegaciones del pontífice, afirmando que su propuesta no pasaba de una teoría científica.

Pero, sucedió que, con el tiempo, se probó que la teoría de Lemaître estaba correcta. Las observaciones del astrónomo Edwin Hubble demostraron la expansión del Universo, así como hizo la confirmación experimental de la teoría de que había un vestigio de la radiación de fondo detectable por microondas, en 1964. Ambas consideraciones evidenciaron robustamente que el padre George Lemaître estaba correcto y, probablemente, el Universo tuvo su inicio en un único punto, expandiéndose, al inicio, a gran velocidad, la cual fue disminuyendo con el pasar del tiempo, pero, después, volvió a acelerar. A pesar de que el nombre adoptado para esa teoría fue Big Bang, en realidad, el fenómeno no fue el de una explosión y sí, algo más parecido con una espuma que crece en contacto con el aire, o una torta que crece por la levadura. El Universo se "infló", aunque muy rápidamente.

Por consiguiente, Einstein, posteriormente, tuvo que admitir que había cometido el "mayor error de su vida" al introducir en sus cálculos a la constante cosmológica y reconoció la belleza de la idea de creación del Universo a partir de un punto primordial. Actualmente, hay un consenso general de que el Hidrógeno y el Helio, fueron creados primero, en los instantes iniciales de la formación del Universo, a lo se le llama de fusión del Big Bang. Los demás elementos fueron formados por reacciones que sucedieron en las estrellas, las síntesis nucleares, como ya se dijo antes. Y, como también ya lo sabemos, el Hidrógeno fue el primer elemento porque él contiene apenas un protón en su núcleo. Podemos decir, así, que el Hidrógeno es el átomo primogénito del Universo.

La teoría del Big Bang explica el inicio del Universo, pero no explica nada sobre lo que dio inicio al inicio. La mayoría de las personas cree que fue Dios o una acción divina. Es una cuestión de fe. Hay otras posibilidades al alcance de la imaginación. La idea de multiversos es una. De acuerdo con este concepto, nuestro Universo no sería todo lo que existe sino parte de algo mucho mayor, el multiverso. Según Marcelo Gleiser, existen tipos diferentes de multiversos, cuyas propiedades cambian de acuerdo con la respectiva teoría. En general, el multiverso sería un conjunto de un número extremamente grande de universos, cada uno con las propias leyes de su Naturaleza. El nuestro sería aquel, o uno de aquellos, cuyas leyes permiten la formación de estrellas que duren el tiempo suficiente como para formar planetas y seres vivos. Pero, podemos pensar creativamente en otras posibilidades.

Podemos pensar, por ejemplo, que progresivamente la vida sensible llegue a desvendar todos los misterios del Universo. El ser humano, por ejemplo, ya desvendó una parte de los misterios. Descubrió la energía gigantesca que hay en los átomos y creó la terrible bomba atómica, el ADN, invisible a nuestros ojos sin los microscopios, la existencia de agujeros negros, aún sin jamás haberlos visto, bien como a las ondas gravitacionales y al efecto de torcerse del espacio por la fuerza de la gravedad. El ser humano observó también que la materia es hecha de átomos. Después notó que los átomos son hechos de partículas aún menores. Y podemos imaginar que esas descubiertas continúen infinitamente, o a traves de nosotros, o por medio de otras formas de vida que nos sucedan, hasta que no sobre más misterio, ninguna fuerza de la naturaleza, ninguna ley de la Física manipulable por la voluntad humana, ni por seres del futuro.

Esos seres que estamos imaginando, descendientes de los seres humanos o no, pero separados de estos por millones de años, tal ves por miles de millones, pueden darse cuenta de que el Universo, siguiendo su expansión infinita, se dirige para la dilución total, como si la entropía acumulada durante miles de millones cobrara la cuenta. El Universo escurridizo y helado. El Universo condenado al desaparecimiento eterno.

Entonces, esa inmensa civilización avanzadísima, pero al borde de la extinción total e irreversible, puede decidir crear de nuevo al Universo entero, desde cero, juntando toda la energía dispersa en un nuevo átomo primordial y de ahí hacer surgir un nuevo Big Bang. Para eso, tendrá que destruir a todo lo que existe y a todo el conocimiento acumulado. Un nuevo Universo surgirá. Pero sin ninguna pista de quien lo creó. El conocimiento acumulado, sin embargo, continuaría existiendo bajo la forma de organización del Universo recreado. Y eso podría seguir repitiéndose infinitas veces. Así, cada vez que se llegaría a una inmensa civilización, avanzada hasta el extremo, con dominio total de las leyes físicas, sería recreado el Universo, y una nueva e inmensa civilización surgiría, en ciclos interminables de creación y de destrucción.

Poder imaginar eso nos lleva a una cuestión filosófica interesante. Si el Universo pudiera, al menos en esta especulación, ser creado por sus propias creaturas: ¿Habría habido algún momento en el cual el Universo habría surgido espontáneamente? O, ¿él tendría que ser obra de alguna voluntad inicial? ¿Todo necesita ser obra del deseo de alguien o de algo? ¿Las cosas tienen que, necesariamente, hacer sentido? ¿El Universo precisa ser coherente? Hay una frase que se volvió famosa, la del astrofísico americano, Neil de Grasse Tyson: "el Universo no tiene ninguna obligación de hacer sentido para usted". Esas son preguntas que no han sido respondidas y que tal ves nunca tengan respuestas. Marcelo Gleiser afirma que "nuestra existencia no necesita ser el producto de algún plan para hacer sentido". Él no dice, con eso, que el Universo no tiene sentido. Tal vez no lo tenga. O tal ves tenga sentido, pero nunca lo alcancemos. Tal vez el sentido del Universo sea sin sentido para el ser humano. Mientras tanto, nuestra vida puede hacer sentido de forma independiente del Universo o de la existencia de algún plan.

Sin embargo, podemos observar al Universo con nuestros propios ojos, con las herramientas que creamos y con el conocimiento acumulado durante milenios. Y podemos llegar a nuestras propias conclusiones. Tenemos que ser honestos con lo que vemos. El Universo es una enorme fuerza creadora. Pero, también, una fuerza destruidora. La visión íntegra del Universo y aceptar la realidad nos lleva a un Universo que no lo pone al ser humano en el centro, pero que invierte mucho tiempo y energía en la creación de la vida como un todo. Entre el surgimiento del Hidrógeno y, poco después, de los demás elementos, pasando por el surgimiento del agua, transcurrieron miles de millones de años, hasta que, de algún modo, esos elementos se hayan combinado y transformado en ADN, el cual, literalmente, cubrió de vida a casi todo el planeta Tierra.

Si la pregunta de porque existe el Universo es algo intrigante, ya que sería más sencillo e intuitivo el que no existiera nada, la cuestión de porque la vida existe es aún más perturbadora. Como ya lo dije antes, no podemos descartar a la contingencia, o a las leyes de la probabilidad como determinantes. Pero, el hecho es que el Universo parece dado a una inclinación para crear y proteger a la vida en un ambiente que es, en general, extremamente agresivo y contrario a la vida. No me refiero aquí a la corriente de pensamiento conocida como vitalismo, la cual defendía que la materia viva tenía alguna cosa especial, misteriosa, una especie de fuerza mística propia. Me parece que el error de esa antigua corriente de pensamiento, si es posible llamar de error, sería hacer esa diferenciación entre 'materia viva' y 'materia no viva'.

Los elementos que componen a la vida tal como la conocemos, sobretodo, los cuatro a los cuales ya me referí muchas veces, no se transforman y se juntan en moléculas debido a 'una fuerza desconocida'. Ellos se juntan porque contienen en si mismos un potencial para la vida, en la afinidad de formar combinación entre los elementos Hidrógeno, Carbono, Nitrógeno y Oxígeno. Esos elementos se crearon miles de millones de años atrás, antes de que la vida pudiera ser acogida por planetas rocosos y de clima templado como la Tierra. Pero, ya en aquel entonces poseían las características peculiares que hacen con que la vida sea posible.

A pesar de esas características favorables a la vida, parece que solo moléculas complejas basadas en el Carbono pueden, en la naturaleza, engendrar otras moléculas complejas basadas en el Carbono. Al menos, es lo que sucede en la actualidad. Aunque puede haber sucedido una combinación espontanea cuando la Tierra tenía una composición atmosférica completamente diferente, rica en substancias como el amonio (NH_3), el agua (H_2O), el metano (CH_4) y el Hidrógeno, sometidos a descargas eléctricas o a radiación ultravioleta. Experiencias realizadas desde la década de '50 del siglo XX han demostrado que es posible crear aminoácidos a partir de esos elementos. Aunque, desde la formación de aminoácidos hasta la organización de la molécula auto-replicante del ADN, haya un paso muy grande. De todos modos, en la actualidad, parece que los átomos no se pueden más reunir espontáneamente para formar moléculas complejas sin que eso implique un proceso celular. Los átomos que no fueron convocados para componer una molécula compleja basada en el Carbono siguen su vidita de átomos solteros. No son capaces de formar espontáneamente una unión molecular estable. En realidad, el hecho de que los átomos continúen solitarios es lo más natural.

La tendencia natural de la naturaleza es la entropía, la desorganización. La vida lucha contra la entropía, para mantener todo organizado. La manutención de la temperatura corporal constante es una lucha perene, ya que la tendencia es que el cuerpo mezcle su temperatura con la del ambiente. Si se está en un ambiente más frio que el cuerpo, lo natural es que el cuerpo enfríe. Pero, el cuerpo actúa para mantener a su propia temperatura, por ejemplo, haciendo una constricción de los vasos sanguíneos de los dedos y de los pies para mantener la circulación sanguínea más cerca de los órganos vitales. Si se está en un ambiente más caliente que el cuerpo, éste también actúa para mantener su propia temperatura, por ejemplo, liberando sudor.

Por lo tanto, la vida contraría frontalmente a la entropía. La organización de los elementos para formar la vida contraría la entropía. Los seres vivos son todos unos 'fuera de la ley'. Pero, en algún momento, los átomos sueltos de Hidrógeno, Carbono, Nitrógeno y Oxígeno, en una afronta a la entropía, se reunieron o fueron reunidos y formaron a los primeros compuestos basados en Carbono con la capacidad de replicar su composición, en un desafío continuo a la ley de la entropía. ¿Cómo fue posible eso? Nadie lo sabe con seguridad, aunque se especule que eso sucedió en consecuencia a la organización de los aminoácidos primitivos.

Algunos pocos científicos tienen la intuición de que esa transformación tenga que ver con la mecánica cuántica. Ellos desarrollaron elaboradas hipótesis en esa dirección. Pero aún nada a respecto ha sido probado ni aceptado por la mayoría de los científicos. No quiere decir que ellos estén errados. Esa posibilidad no ha sido descartada. Apenas, no ha recibido el estatus de las teorías ya aceptadas. Aunque tampoco sea motivo para despreciarlas pues, toda la física moderna se encuentra, en realidad, al umbral de hipótesis que son muy difíciles, sino imposible, de comprobar.

Observe-se que buena parte de las hipótesis apuntadas por Albert Einstein, a pesar de bien fundamentadas, matemáticamente, ellas solo se comprobaron experimentalmente un siglo más tarde. Dos de esos ejemplos son, la onda gravitacional, demostrada por aparatos en el 2016 y el agujero negro, cuya primera imagen solo se vio en el 2019. Y no se trata, ni siquiera de una imagen directa, sino de una reconstrucción por medio de algoritmos basados en datos de observatorios diseminados por el mundo.

Siendo así, no se debe despreciar hipótesis sobre la influencia de la mecánica cuántica en la biología, en particular en la formación de la conciencia, apenas porque aún no se comprobaron experimentalmente.

Pero, ellas no pueden tener el mismo estatus de las teorías comprobadas. En el libro *Usted es el Universo*, de Deepak Chopra y Menos Kafatos, encontramos una vigorosa defensa de la influencia de la mecánica cuántica en la biología y en la conciencia humana.

Uno de los ejemplos citados en el esfuerzo por demostrar esa relación, es la que se sugiere a seguir. Se trata de una experiencia realizada en el 2007, en el Lawrence Berkeley National Laboratory, con el objetivo de revelar porque el aprovechamiento de los fotones por parte de las plantas es tan eficaz, al punto de que se pierde poca energía en forma de calor. La experiencia pareció demostrar que en la fotosíntesis la luz solar mantendría su estado de onda por un tiempo suficiente como para evaluar a todos los albos posibles en la célula vegetal, mientras, simultáneamente, 'elegiría' cual es el mejor. Así, sería conservada la energía de la luz.

La idea aquí, a pesar de tratarse de una tentativa de demostración experimental, podría ser considerada mística. El fotón tendría una especie de 'voluntad' para favorecer a la fotosíntesis. No deseo profundizar en este confuso campo científico, pero, se trata en este caso del fenómeno de la incoherencia, el cual implica al duplo y sobre puesto estado de la materia: onda y partícula. Y es que esa sobre posición es influenciada por el ambiente y por el observador. En el caso de que haya, realmente, el control de la incoherencia en un proceso biológico habría inúmeras repercusiones. Lo que pasó es que la experiencia de 2007 no fue reproducida. Muchos científicos contestaron los datos, pero el hecho es que, por lo menos, permanece una duda bastante razonable sobre lo que realmente sucedió en el experimento. Por otra parte, permanece el misterio sobre el aprovechamiento eficaz de la luz solar en la fotosíntesis.

Una otra línea de hipótesis ha sido defendida por el físico Roger Penrose, el cual especula si la naturaleza de la conciencia no sería cuántica. Son ideas muy curiosas, que llegan al extremo de lo que entendemos por materia y hasta por física y biología. Para defender su punto de vista, Roger Penrose afirma que existiría una estructura dentro de las células del cerebro, los microtúbulos, encargada del control de la actividad cuántica para producir conciencia. Lo interesante de esa hipótesis, como también fue mencionado en el libro *Usted es el Universo*, es que aportaría el trazo de incertidumbre proprio de la mecánica cuántica para el funcionamiento de nuestra mente, lo cual nos daría, desde el punto de vista filosófico, un grado de libertad de decisión o, si preferimos, un libre arbitrio mucho mayor que aquel encontrado en una mente gobernada por la rígida mecánica clásica, centrada en causas y efectos determinados.

Las hipótesis de Penrose son muy seductoras, pero también se encuentran lejos de un consenso científico, antes, muy al contrario. Hay muchos críticos que contestan esas ideas y afirman que la mecánica cuántica es demasiado inestable para producir efectos como la conciencia. Los efectos cuánticos tienen la duración de nanosegundos, mientras que nuestra mente parece funcionar en la frecuencia de los milisegundos, una escala un millón de veces mayor. Eso, a los ojos de los científicos, parece descartar la hipótesis cuántica para la conciencia. Sin embargo, tales ideas no pueden ser descartadas solo porque no han sido probadas.

A pesar de que en la biología aún no se hayan encontrado efectos cuánticos a escala de milisegundos, existe una corrida en búsqueda de la computadora cuántica, que sería miles de veces más rápida que las computadoras actuales. El gran obstáculo está, justamente, en la inestabilidad del efecto cuántico. Aunque algunas empresas ya han conseguido preservar el estado cuántico hasta durante noventa microsegundos, como fue el caso de una experiencia conducida en 2017. Eso es poco tiempo aún, pero, sería lo suficiente para procesar conciencia. Y si es posible para la humanidad la preservación del estado cuántico puede ser posible para la naturaleza, a través de un procedimiento que todavía no se conoce.

Por mi parte, no tengo la menor capacidad técnica de asumir una posición sobre la posibilidad de que haya repercusión de la mecánica cuántica en la biología y, en especial, en el proceso de crear conciencia. Se que hay mucha polémica e inúmeros científicos han llamado a Deepak Chopra de charlatán por usar argumentos considerados 'pseudocientíficos', como lo mencioné anteriormente. No me parece, de forma alguna, que este sea el caso. Él realmente utiliza algunos argumentos que están fuera del límite de lo comprobado, del consenso científico, al lado de conceptos totalmente aceptados. Pero, es en este punto en el que se encuentra la ciencia en este momento.

Las nuevas teorías son extremamente especulativas, pero no se puede decir que estén erradas apenas por eso. Pues, estaríamos descartando el trabajo de genios como Stephen Halking si consideramos verdad apenas a lo que ya ha sido comprobado. Y así, estaríamos descartando buena parte de lo que afirmó Albert Einstein. Tampoco se puede decir que Deepak Chopra, que es médico, y no físico, no podría hacer tales especulaciones por que se encuentran fuera de su ámbito de formación, pues, eso resultaría en un autoritarismo científico lleno de prejuicios, ya que Deepak Chopra se apoya en científicos serios, aunque estén fuera de los límites de un consenso.

Repito, mi insuficiente capacidad técnica no me permite asumir una posición. Sin embargo, con el fin de argumentar en este conjunto de ideas, tomo como base solo lo que sea consenso científico. Y, esos consensos ya presentan un Universo espantosamente sofisticado y coherente, aunque sea caótico y repleto de incertidumbres.

La existencia de muchos vacíos que tienen que ser rellenados no disminuye a la belleza de lo que ya fue descubierto. Entre otras cosas que se sabe consensualmente, y que vengo repitiéndolo aquí, en este texto, es que las dos substancias más esenciales para la vida, Hidrógeno y Oxígeno están entre las primeras que fueron creadas. La tercera substancia más esencial, el Carbono, fue la quinta substancia que se creó. Esas tres substancias tienen características únicas y no pueden ser substituidas por otras en la formación de la vida. El proceso de creación de esas substancias está interrelacionado. Además, esas quatro substancias, con destaque para el Hidrógeno, que está en una proporción mucho mayor, son las más abundantes del Universo.

Hablando de cosas esenciales para la vida, ¿cómo no pensar en el ingenio del gigantesco campo magnético de la tierra? El núcleo de hierro fundido de la Tierra funciona como un productor de campo magnético, sin el cual estaríamos expuestos a los rayos cósmicos, que tornarían a las moléculas del ADN inestables a punto de inviabilizar a la propia vida, como sucedió en Marte, cuyo núcleo se enfrió y se congeló, dejando de proteger al planeta. ¿Y qué decir de la complejidad de la vida en la Tierra, protegida por su propio campo magnético?

El campo magnético de la Tierra se produce por el movimiento de la gigantesca cantidad de hierro fundido que circula en el interior del planeta. Recientemente, se descubrió que hay, probablemente, dos camadas distintas de hierro fundido: una líquida, pobre en oxígeno, con hierro y silicio, y otra, líquida de hierro, silicio y oxígeno. Como la camada de hierro, silicio y oxígeno es menos densa, ella se eleva bastante en la parte superior, formando una camada líquida, rica en oxígeno. A su vez, el núcleo, de hierro y silicio, permanece sólido, a pesar de las altas temperaturas, no se mezcla a la camada más exterior. Si no hubiera esas dos camadas parecidas, pero diferentes, y que no se mezclan, el núcleo sería totalmente sólido y no se podría formar el campo magnético.

Aquí, podemos señalar otra curiosidad favorable a la vida y que suele ser poco mencionada. El núcleo de la Tierra tiene una temperatura de aproximadamente 6.000 grados Celsius, más o menos como la temperatura de la superficie del sol. Pero, a excepción de los lugares en los cuales el magma se escurre, ese calor no se escapa para la superficie. Eso sucede porque el rayo de nuestro planeta tiene un tamaño suficiente como para hacer con que el líquido incandescente vaya subiendo y enfriándose hasta solidificarse en una corteza fina. Después, ese líquido más fino hace el camino inverso, bajando. Alguien que ya haya visto una 'lámpara volcánica' lo va a poder visualizar bien.

Se estima que el ciclo de subida y bajada del líquido extremamente viscoso de hierro, silicio y oxígeno demore centenas de años para suceder. Como se ve, el camino recorrido es suficientemente largo como para que se forma una fina corteza dura, con la temperatura adecuada para la vida y no un escenario de mares de lava. Sin embargo, la Tierra tuvo alguna vez ese escenario infernal, ya fue una pelota de rocha incandescente. Pero, los gases del interior del planeta, inclusive el vapor de agua, mas liviano, se escaparon para la superficie, promovieron el enfriamiento necesario y, al mismo tiempo, cubrieron la tierra con los océanos también esenciales a la vida.

Me refiero a los primeros elementos de la tabla periódica como siendo los más esenciales para la vida. Pero, el Uranio, con su alta radioactividad, es uno de los últimos elementos químicos porque posee 92 protones y es uno de los principales productores del calor del núcleo de la Tierra. La radiación nuclear es responsable por 80% del calor producido. Sin ese calor, como vimos, el núcleo se enfriaría y no habría campo magnético protector de los rayos cósmicos. O sea, sin el Uranio no habría vida en la Tierra. Además, tampoco habría vida sin la inmensa cantidad de hierro mezclado con silicio y oxígeno circulando por el interior del planeta. Y, como sabemos, el hierro está presente en la sangre por su capacidad de captar y transportar oxígeno.

La protección de la vida terrestre contra los rayos cósmicos se da, también, a través de las camadas más altas de la atmósfera, las cuales no permiten el pasaje de mayor cantidad de rayos ultravioletas. Lo interesante es que tanto los rayos gama cuanto los rayos ultravioletas, peligrosos para la vida, tienen la misma naturaleza de la luz visible que nutre de energía a las plantas y, con eso, a casi toda la vida en la Tierra. Se trata de ondas electromagnéticas. La diferencia está en la menor largura de las ondas y la mayor energía contenida. Las dos barreras de protección hacen con que la mayor parte de la energía electromagnética que llega a la Tierra sea la adecuada a la vida. O sea, existe un filtro bastante especializado, capaz de separar frecuencias de ondas electromagnéticas que son esencialmente lo mismo.

Es interesante observar también que la naturaleza necesita encontrar mecanismos de protección contra ella misma. Podríamos imaginar una forma de vida creada inmune a los rayos gama y a los ultravioleta. Pero, una vida excesivamente resistente, probablemente, sería menos flexible, menos dinámica. El proceso de creación de la vida precisa, por lo tanto, de un delicado y sensible sistema capaz de conciliar fuerzas y propiedades que se contraponen entre si. En la práctica, como la vida necesita protegerse del proprio Universo, probablemente, apenas pueda ser encontrada si confinada en planetas con las inúmeras características protectoras de la Tierra.

Las bacterias andan por aquí casi que desde el comienzo de la historia de la Tierra. Durante miles de millones de años, mucho antes de las formas más complejas de vida, florecieron. Las cianobacterias nacían y morían con apenas un propósito aparente, el de liberar oxígeno en la atmósfera, oxígeno esencial para las formas de vida que vendrían mucho tiempo después de ellas. Podemos pensar en una simbiosis, en la cual existimos para cuidar y alimentar bacterias y las bacterias (por lo menos, las buenitas), cuidan de uno. Existen muchas más células de bacterias en nuestro cuerpo que células humanas. ¡Y eso que tenemos millones y millones de células!

Por medio de una visión más antropocéntrica podemos creer que el ser humano es parte de una evolución y que esta continuará en el sentido de la mayor capacidad cognitiva. Sin embargo, la verdad es que simplemente no lo sabemos. Hasta aquí lo que sabemos es que el ser humano es el único en la historia de la Tierra con esas características. Podemos ser extinguidos de la faz de la Tierra y que nunca más vuelva a surgir otro ser con el tipo de cognición humana. Por diversas veces, el ser humano ya llegó a ser casi extinguido, de modo que llegaron a quedarse pocas personas vivas en todo el planeta.

Si nos imaginamos que podrá haber cada vez más capacidad cognitiva, sea por parte del ser humano, sea por parte de otros seres futuros, podrá haber una civilización con un tal nivel de conocimiento capaz de afectar el curso del desarrollo del Universo y hasta decidir por la creación de nuevo de éste, como ya lo sugerí anteriormente. Esos humanos del futuro o seres basados en Carbono o en otra substancia, que vinieran a seguir de los humanos, en teoría, podrían comunicarse, escasamente, con humanos 'biológicos' y 'basados en el carbono' de los tiempos actuales, les pasarían ocasionalmente algunas pistas que pudieran acelerar el desarrollo de la ciencia.

Pensamos en el tiempo como algo que fuera un punto que se va desplazando continuamente, sin que podamos avanzar o recular. Eso podría ser una ilusión de la mente o una forma de percibir al tiempo.

Sabemos que el tiempo puede 'acelerarse' o 'volverse más lento', de acuerdo con la velocidad y de según la fuerza de gravedad. Pero, no estoy refiriéndome a eso. El Hidrógeno *protium*, aquel que tiene apenas un protón y un electrón, creado durante el Big Bang,y que forma 99,98% del total de Hidrógeno, es exactamente el mismo desde hace 13,7 mil millones de años, pues, él es estable, aparentemente, no sufre decaimiento, o por lo menos, nunca se ha observado algún decaimiento. ¿Cuánto tiempo ha pasado para esos átomos?

Dijimos que los átomos de Hidrógeno fueron creados hace mucho tiempo, pero, desde el punto de vista de ellos, que no han sufrido ninguna acción del tiempo, ¿por qué no pensar que acabaron de ser creados? Para los átomos de Hidrógeno, el Big Bang está sucediendo ahora. Eternamente ahora. Pues, para esos átomos, el tiempo, sencillamente, no pasa. No hay como ponerle una fecha a ese tiempo de existencia de un átomo original de Hidrógeno. Lo sé, entiendo. Para mí también eso es muy confuso. Pero es que, si pensáramos de esa forma, aunque sea simbólicamente, podríamos creer que el origen más primordial de la vida, la formación del Hidrógeno no es un fenómeno con un pasado longincuo, distante de la vida. Es un fenómeno próximo y directamente relacionado a ella.

En la búsqueda de explicación de porqué el Universo existe, hay algunos que creen que la vida sea un mero efecto colateral aleatorio del Universo. Y hasta que el propio Universo sería un fenómeno aleatorio. Ya me referí a la teoría del *multiverso*. Según esa teoría, nuestro Universo es como es porque todos los Universos posibles existen, simplemente, porque es posible que existan. O sea, si es posible que exista una realidad, ella va a existir, porque no habría nada para impedirlo. Sería un fenómeno estadístico.

Este tipo de especulación se inició con las ideas en torno a la mecánica cuántica, que usa la probabilidad en el lugar de la certidumbre. Einstein tenía una cierta dificultad en admitir a la incertidumbre inherente a lo que se propone la mecánica cuántica. Afirmó que "Dios no juega a los dados". Para los que defienden la idea del *multiverso*, Dios jugaría a los dados todo el tiempo. Pero sería un dado especial, con infinitos lados. Un dado que se parecería más a una esfera. Muchos científicos tienen como 'mala voluntad' con relación a la hipótesis del *multiverso*, pero a mí, que no soy científico, soy curioso nomás, me parece bastante plausible esa hipótesis, aunque tal vez nunca sea comprobada, porque, probablemente, no tengamos acceso a otras dimensiones en las cuales esos universos existirían.

En mi opinión, el azahar, si es realmente determinante, no quita la belleza de nuestro Universo. ¿En cuántos de esos infinitos modelos de Universo es posible que haya vida? La probabilidad de que los elementos creados sean compatibles con la vida es muy pequeña. Pero nosotros tenemos la suerte de estar en uno de los pocos universos en los cuales esos elementos están presentes en la forma como están. Claro, también puede haber universos en los cuales la vida surja con más facilidad en comparación con el nuestro. Eso tampoco saca la belleza. Vivimos en un Universo que no facilita tanto las cosas para que haya vida y aun así, ella existe, porque son providenciadas protecciones. Para mi es fascinante imaginar que el Universo es inmenso y aun así puede tratarse apenas de una mínima fracción de la existencia.

EL AGUA

La molécula del agua está compuesta por el primer elemento que fue formado, el Hidrógeno, y por el octavo, el Oxígeno. Es, probablemente, una de las moléculas más abundantes del Universo, junto con otra molécula compuesta apenas de Hidrógeno, el H2. En 2011, astrónomos descubrieron la mayor y la más antigua masa de agua ya detectada en todo el Universo. ¡Es una nube gigantesca que contiene 140 mil millones de veces más agua que todos los océanos de la Tierra juntos!

La nube de vapor de agua rodea un agujero negro de masa densa, llamada *quasar*, y se localiza a 12 mil millones de años luz de la Tierra. Cuando miramos a lo lejos, en el Universo, miramos hacia el pasado porque tenemos que considerar que la luz es veloz pero no es instantánea. Siendo así, cuando miramos hacia algo que está a 12 mil millones de años luz de la Tierra significa que estamos viendo algo que pasó hace 12 mil millones de años luz. El descubrimiento, por lo tanto, nos muestra que el agua ha estado de forma predominante en el Universo, durante toda la existencia.

Para poder formar una molécula de agua, un átomo de Hidrógeno se combina con dos átomos de Oxígeno y pasan a compartir algunos de sus electrones en el proceso llamado de covalencia.

Un aspecto muy interesante del agua es el hecho de que ella está compuesta por dos gases con propiedades totalmente diferentes de los de la fusión de los dos elementos. El Hidrógeno es un combustible tan poderoso que es el combustible de las estrellas. El oxígeno reacciona fuertemente con otras substancias, modificándolas por medio de la oxidación. Sin embargo, el agua, que tiene tres estados físicos que se destacan, el sólido, el líquido y el gaseoso, es extremamente estable, no quema, al contrario, es un extintor de incendio, como sabemos. El agua es la única substancia que podemos encontrar en la Tierra en sus tres estados. Como vimos anteriormente, el vapor de agua que se escapó del centro de la Tierra ayudó a enfriar el manto terrestre y formó a los océanos.

Esa configuración, dos átomos de Hidrógeno y uno de Oxígeno, crea dos polos, uno positivo y otro negativo. Eso crea una fuerza de atracción entre las moléculas del agua. En la forma líquida, esas ligaciones eléctricas entre dos o más moléculas del agua se hacen y se deshacen con cierta flexibilidad. Es lo que le da al agua esa característica líquida, o sea, fluida.

Por otra parte, la ligación en su forma sólida o congelada, en la cual las moléculas tienen menos energía, tiene bastante cohesión y las moléculas forman hexágonos extremamente uniformes. Aunque las moléculas estén más fuertemente unidas que en la forma líquida, hay más espacio entre ellas, lo que torna a la densidad del agua menor en el estado sólido que en el líquido. Esta es una propiedad única. La configuración hexagonal da origen a uno de los fenómenos más elaborados de la naturaleza, a los copos de nieve. Cerca de doscientas combinaciones diferentes de copos de nieve se original de la forma hexagonal, según se ha registrado. Es un ejemplo de como un modelo, en principio simple, un hexágono, puede dar forma a tantas y a tan variadas figuras, como sucede con los llamados fractales.

El hecho de que en su estado sólido o líquido el agua tenga una densidad menor, hace con que ella ocupe más espacio, como bien lo sabe quien dejó olvidada una cerveza en el congelador. Sucede lo mismo con las células cuando son expuestas al congelamiento, los cristales de agua, simplemente, rompen a las paredes celulares, destruyéndolas. Una zanahoria congelada no tiene la misma consistencia que una zanahoria fresca porque se le han roto sus células.

Por eso, no sirve de nada la criogenia, una técnica de congelamiento de cuerpos con la esperanza de que una cura surja en el futuro, ya que el propio proceso de congelamiento crea un enorme daño al cuerpo humano. Los vendedores de este servicio macabro defienden la idea de que en el futuro también será posible corregir a los daños causados por el proceso de congelamiento, lo que es bastante optimista. En la actualidad, ya hay métodos que usan substancias químicas especiales, para congelar embriones sin dañar a las células. Esos métodos, sin embargo, no sirven para los cuerpos que ya se desarrollaron, ni tampoco existen métodos semejantes para el congelamiento de esos cuerpos.

En la forma gaseosa, las moléculas están desagrupadas y vagan libre y caóticamente. Las tres formas del agua son esenciales para que exista vida como la conocemos. A seguir, vamos a presentar algunas de las propiedades físico y químicas del agua que, entre otras, favorece a la vida en la Tierra

Solubilidad. El agua es un excelente solvente porque es capaz de disolver una enorme cantidad de substancias. A las substancias disueltas se les llama solutos y al ser mezcladas con un solvente forman una solución. Esa propiedad es muy importante para los seres vivos porque absorben nutrientes (como el calcio y el magnesio), disueltos en el agua que beben.

Calor específico. El calor específico o la capacidad térmica del agua es la cantidad de calor necesaria para elevar en 1ºC a la temperatura de 1g de una substancia.
El agua tiene un elevado calor específico, quiere decir que ella es capaz de aumentar o disminuir bastante su temperatura sin mudar de estado físico. Por otro lado, eso hace con que demore más para que suceda un cambio, si comparado a otras substancias. Como el agua ocupa cerca de 70% de la superficie terrestre, esa propiedad ayuda a controlar el calentamiento del planeta. Los océanos guardan el calor en el tiempo caliente y lo liberan en el tiempo frio.

Capilaridad. El agua desafía la gravedad y sube por tubos finos, como el camino recorrido por la sabia hasta las hojas en las alturas de los árboles, por un fenómeno llamado de tensión superficial.

Al usar la famosa fórmula de Einstein, $E=M.C^2$, se verifica que la energía atómica contenida en una gota de agua equivale a la energía química producida al quemar 27.000 litros de gasolina! Es verdad que esa cantidad concentrada de energía no es privilegio del agua. Todas las partículas del Universo contienen mucha energía, según la fórmula de Einstein. Esto se debe a que una de las variables es la velocidad de la luz elevada al cuadrado, o sea, 300.000 x 300.000.

¿Y cuantas moléculas existen en una gota de agua?

$1,67 \times 10^{21}$ moléculas de H_2O, o sea, 1,67 seguidos de 21 cero, o 1.670.000.000.000.000.000.000 ó 1,67 sextillones de moléculas. ¡O 40.865.633.483 x 40.865.633.483 de moléculas! Existe casi la misma cantidad de moléculas de agua en una gota que la cantidad de gotas en todos los océanos de la Tierra.

El agua es tan especial, tan esencial, tan primordial para la vida que debería ser o que hay de más sagrado en todas las culturas. Más adelante, voy a hablar sobre esa naturaleza sagrada del agua y de todo lo que existe.

SOMOS HECHOS, ¿DE QUÉ?

Hablamos de la abundancia de los elementos en el Universo. ¿Y, cuáles son los elementos más abundantes en el cuerpo humano? Este está compuesto por 10% de Hidrógeno, 23% de Carbono, 2,6% de Nitrógeno y 61% de Oxígeno. El resto, 3,4%, son de otros diecisiete elementos químicos. Si sumamos el Hidrógeno, el Carbono, el Nitrógeno y el Oxígeno, obtenemos el 96,6% de la masa total del ser humano, la cual incluye, en media, los 42 litros de agua que circulan en un organismo adulto. Son los átomos de esos cuatro elementos que combinados forman a las moléculas del ADN, proteínas, grasas y carbohidratos, los ladrillos con los que se construyen todos nuestros tejidos. Por eso, a esos cuatro elementos se los llama de elementos de constitución.

Cerca del 10% de nuestro peso viene de una substancia creada directamente del Big Bang, el Hidrógeno, que está por ahí ya hace más de 13 mil millones de años y que, poco después, se combinó con el oxígeno, formando al agua que compone cerca del 60% de nuestra masa corporal.

La variación casi infinita de combinaciones de esos cuatro elementos forma a las innúmeras moléculas de nuestro organismo y de todos los demás organismos vivos. Ellos están presentes inclusive en nuestra molécula más esencial, el ADN, junto a un poquito de fósforo. Es interesante notar como los cuatro elementos, Hidrógeno, Carbono, Nitrógeno y Oxígeno fuerón creados en el mismo proceso, en los instantes iniciales del Universo y son los únicos que tienen propiedades como para formar moléculas que den suporte a la vida.

Ya se ha especulado si la vida hubiera sido posible teniendo al silicio como partícula central, una vez que él también tiene cuatro electrones en el área de covalencia, lo que permitiría un formato semejante en las conexiones moleculares. Pero, en la práctica, esas conexiones serían demasiado débiles para soportar las larguísimas cadenas de átomos que forman a las moléculas de la vida, en especial, al ADN. Por lo tanto, no sería viable usar al silicio en el lugar del Carbono.

La vida solo surgió mil millones de años después que los planetas pasaron a tener en su órbita estrellas a una distancia tal que la temperatura permitiera al agua, el estado líquido. Pero, los elementos básicos de la vida, HCNO, ya tenían sus propiedades únicas en toda la tabla periódica que haría posible a la vida tal cual la conocemos.

POR LA RESACRALIZACIÓN DE LO QUE LLAMAMOS
MATERIA

De cuando yo era niño recuerdo, exactamente, el día en que
aprendí que el átomo estaría compuesto por un núcleo y electrones en
su órbita. Pero, el electrón sería tan pequeño y la órbita tan distante que
cada átomo sería, esencialmente, un espacio vacío. Me acuerdo de
haber leído que, si no fuera por la fuerza de repulsión entre los protones,
un fenómeno energético y no 'material', atravesaríamos cualquier
pared, como si ella no existiera, ya que hay espacio suficiente entre los
átomos. En seguida tomé conciencia, de que el mundo no podría ser
considerado algo material. Era mucho más inmaterial, o sea, espiritual.
Actualmente, ya se especula que ni siquiera el núcleo o los electrones
ni sus substancias esenciales, los quarks y los leptones, sean materia.
Ellos, en realidad, estarían constituidos por información. Informaciones
que contienen leyes, como, por ejemplo, "partícula, no se aproxime de
tal punto", o, "partícula, si usted se suma a esta otra partícula, su peso
atómico pasará a ser tanto", como si fueran programas de computador,
con sus líneas lógicas de código.

Irónicamente, si fuera verdad de que el mundo sería la
representación tridimensional de las informaciones contenidas en una
superficie bidimensional, como sugieren algunos físicos teóricos más
recientemente, nosotros podríamos afirmar que vivimos en un mundo
inmaterial, mientras la verdadera materia existiría en otro nivel. Como

las sombras en la caverna de Platón y las cosas que originarían esas sombras en el mundo, estarían fuera de la caverna. Nuestro nivel de existencia sería apenas un espectro del mundo material. Seríamos el *software,* el programa, y habría otra base que sería el *hardware*, la máquina por detrás de la existencia del Universo. Lo sagrado, que estaría más allá de nuestra comprensión, sería esencialmente material. Pero esa es una forma de pensamiento dualista que, apenas invierte la lógica del sentido común. *Hardware* y *software,* información y base generadora de la información, si la realidad tuviera esa naturaleza, no serían antagónicas. Serían una única y misma manifestación de lo que llamamos realidad.

Es un hecho de que la realidad que conocemos no tiene nada de ordinario, vulgar. Es extremamente compleja. Por ejemplo, el tiempo pasa más despacio para quien está en una montaña que para quien está al nivel del mar. Hay una pequeña diferencia que también está presente en los satélites alrededor de la Tierra. Pero, esa diferencia se puede medir, pues los aparatos GPS instalados en esos satélites, necesitan un calibre especial del tiempo, de lo contrario, los relojes a bordo quedan con horarios distintos de los aparatos receptores y habría un error de posicionamiento de los aparatos receptores en la Tierra del orden de centenas de metros.

Si fuera posible crear un mini-agujero negro en la superficie de la Tierra, quien estuviera cerca de él, tendría su tiempo acelerado de tal modo que vería a los acontecimientos sucediendo a una velocidad, como la visión de quien estuviera en la máquina del tiempo de H.G. Wells. Si la comunicación fuera posible, con alguien que se encontrar más lejos de ese agujero negro en miniatura, aquel que estuviera cerca le podría contar el futuro y así serviría como una especie de 'ángel de la guardia', anticipándole los eventos. La posibilidad de eso fue explorada en la película 'Interestelar' en la cual el padre, estando próximo de un agujero negro, se comunica con la hija. Así, sería posible contarle a alguien lo que se descubrió del futuro, acelerando al proceso de creación. Tal vez, sea esa la herramienta que la super civilización que iría dar un *reboot* al Universo, usaría para comunicarse con el pasado, como lo acabo de explicar.

La materia es extremamente mágica, exotérica, misteriosa, sorprendente. Sin embargo, en la actualidad, la mayoría de las culturas desvalorizan a la materia diciendo, de forma semejante, que más allá de la materia, hay el espíritu. Y así, niegan la naturaleza sagrada de la materia. Pensamos en un mundo posterior que será mejor que este. A este punto, no puedo negar la posibilidad de que haya otra existencia más allá de esta que vivimos. Pero ¿por qué no valorar a la vida en la Tierra como siendo repleta de sentido espiritual o, para usar un sinónimo, de significado inmaterial?

El Universo no creó apenas substancias que son compatibles entre si de modo a formar moléculas que componen seres vivos, desde el agua, los hidrocarbonatos hasta la compleja molécula del ADN, sino que creó también a algunos pocos lugares adonde la vida es protegida. Es el caso del planeta Tierra. Pues, el Universo crea, pero, también, destruye. El planeta Tierra es un pequeño espacio protegido de las fuerzas destructivas del Universo. No tan protegido al punto de que no podamos ser capaces de transformación.

Pues, al final ¿qué es la destrucción, sino transformación? Dos átomos de hidrógeno son destruidos para transformarse en helio y así sucesivamente, generando energía y a otros elementos de la tabla periódica. Por ejemplo, núcleos de helio fundidos se transforman en carbono y helio fundido con carbono se transforma en oxígeno. Ese proceso se repite hasta con los elementos más pesados, como el plomo. Recordemos que el hierro, que crea al campo magnético de la Tierra, también fue creado por la fusión del hidrógeno en las estrellas. ¿No es increíblemente sorprendente que esos subproductos de fusión nuclear se puedan combinar tan perfectamente en moléculas complejas? Esos son procesos complejos porque necesitamos de casi todo lo que hay como elemento, ya sea en nuestro cuerpo o en el planeta, para que se pueda existir. Si existe un Dios inteligente y consciente ¿por qué Él crearía un mundo tan sofisticado, complejo, elaborado, apenas para servir de etapa hacia otro nivel 'inmaterial'? ¿Y, porqué al nivel 'material' se lo denomina de material si es esencialmente energía, vibración e información, más allá de un enorme espacio vacío?

Alguien o alguna cosa pasó un trabajo enorme para reunir quarks y leptones para formar hidrógeno, el cual se juntó en las estrellas, que sirvieron de usina de creación para todas las demás substancias, creadas cuidadosamente para que se puedan combinar en moléculas de agua, hidrocarbonatos hasta que formaron ADN y proteínas. Esas substancias, a su vez, se organizan en células con inúmeros componentes sofisticados, los cuales, a su turno, también, forman órganos especializados, necesarios para los innúmeros procesos que hacen posible haya la vida.

Pues bien, después de todo eso, lo llamamos a ese mundo, y a casi todo lo que hay en él, de 'mundano', en oposición a lo 'celestial', como si fuera algo de menor valor. Pensamos en la Tierra en oposición al cielo y nos olvidamos de que la Tierra también está en el cielo. No conseguimos percibir esa naturaleza celestial de nuestro planeta, sencillamente, a partir de nuestra perspectiva interior. Como debe haber sido mágico para los astronautas que fueron a la Luna, contemplar a la Tierra como una esfera suelta en el espacio. Miramos hacia el cielo y llamamos azul. Pero, el primer astronauta que vio a nuestro planeta de lejos se dio cuenta de que es la Tierra la que es azul.

Es bastante común decir que el cuerpo es apenas una cáscara, un vaso que carga un espíritu. Yo pienso diferente. El cuerpo, incluyendo en él a la mente, puede ser él mismo el espíritu. Así, como todo el resto. El Universo nos ha dado mucho, pero, tal vez no haya dado todo. Tal vez no nos haya dado la inmortalidad, ni la eternidad de la consciencia, por lo menos de la forma como la imaginamos. ¿Pero, seríamos hijos buenos negando a todo lo que recibimos, para soñar con una existencia eterna?

Con el desarrollo de herramientas tecnológicas que permiten, por ejemplo, observar a los átomos, y los aceleradores de partículas que nos muestran de lo que son hechos los átomos, nuestra ceguera disminuyó, pero no acabó. Aún nos queda mucho por ver. Instrumental y teorías funcionaron hasta aquí como lentes que nos dejan ver más claro. Pero aún no vemos todo. Y lo que se nos escapa aún nos deja con muchas dudas. Aunque si aceptáramos lo que ya vemos, tal vez seríamos menos ingratos al recibir la dádiva de que se pueda estar vivo ahora.

Lo repito, no quiero negar a la existencia de otros niveles espirituales. La existencia de otras dimensiones es matemáticamente posible. Stephen Halking las llama a esas posibles dimensiones de 'branas'. Podría haber otros niveles espirituales en otras dimensiones. La ciencia, actualmente, discute la existencia de materia y energía 'oscura', que no podemos ver ni percibir, por ahora, ni siquiera por medio de instrumentos, pero que debe haber y, en realidad debe calcularse alrededor del 90% de la materia y de la energía del Universo. Ángeles de la guardia, dioses, elfos, hadas y otras figuras místicas podrían existir estando compuestas de materia y energía oscura y no seríamos capaces de verlos.

Esa posibilidad es explorada en el libro brasileño, *Paralelos,* de Leonardo Alkmin, con admirable precisión científica. Pero ¿por qué negar a la esencia espiritual de nuestra existencia? ¿Por qué negar al carácter sagrado de toda la creación? ¿Cómo decir que el fruto de la creación no sea algo esencialmente, intrínsecamente, sagrado? ¿Cómo llamar profano a lo que fue creado para que usted exista, sea cual sea la entidad en la cual usted cree, sea en una entidad única, en varias entidades o hasta en el propio Universo en sí?
Lo sagrado se distingue de lo profano por una sutileza. Lo que es sagrado tiene valor, es extraordinario. Lo profano, lo mundano, lo ordinario, lo común no lo tiene. Pero, cosas comunes pueden asumir valor sagrado, según cada religión. En el cristianismo, un simple pan asume el valor de hostia sagrada, algo vivo, en cada misa. Sin embargo,

la desacralización del Universo y de la naturaleza son recientes. Tal vez eso tenga que ver con la forma de organización de la sociedad moderna. Algunas culturas religiosas asumieron la prerrogativa de definir lo que es sagrado, concediendo ese título apenas a símbolos y territorios. De ese modo, todo el resto pasó a ser mero recurso, que puede ser usado, vendido, almacenado, destruido, de acuerdo con quien tenga el título de propietario.

La comprensión de los antiguos, de que todo es divino por ser obra del Creador, o por ser el propio creador, o algún dios 'especializado', ha sido considerado como siendo una comprensión de gente ignorante, que tiene miedo de todo (y, por lo tanto, respeta). Y eso fue considerado 'paganismo'. Paganismo viene del latín, *paganus,* que quiere decir: campesino. Esto revela un prejuicio contra la gente del campo. Entonces, solo sería sagrado lo que algunos libros sagrados dicen que lo es. La división del Universo entre lo sagrado y lo profano, en la cual el mundo material sería esencialmente profano, sirve, de propósito o no, a algunos intereses. Es curioso que lo que tendría valor económico sea lo que no tendría valor espiritual y, así, podría ser comercializado libremente. Pues, la espiritualidad no debería ser objeto de comercio.

La oposición entre la cultura religiosa de los pueblos más cercanos a la naturaleza y aquella profesada por los que viven en ciudades y que por eso, se distanciaron de la naturaleza, no existe en las enseñanzas sagradas originales. Esa oposición surgió mucho tiempo después. Es necesario que encontremos de nuevo inspiración en el contacto directo con la naturaleza y, también, por medio del conocimiento obtenido por la ciencia.

Un ejemplo del vínculo más próximo con la naturaleza se encuentra en la importancia del agua para muchas culturas religiosas. Aunque no tenga mayor destaque, hay muchas religiones que consideran, a veces, solo en parte, al agua como un elemento sagrado. En los templos sintoístas hay siempre un local con agua corriente, para que la persona se purifique antes de entrar al templo. En el cristianismo hay el bautismo y el agua bendita (aunque el agua bendita se diferenciaría del agua no bendita). En el *Viejo Testamento*, seguido por cristianos y judíos, el diluvio, del que Noé y su familia se habrían salvado, purificó al mundo entero. En el hinduismo, el agua está vinculada a ritos de purificación espiritual y el baño matinal es una obligación. Las ceremonias fúnebres suceden junto a los ríos, en especial, al río Ganges. En el Egipto antiguo, el río Nilo era sagrado y se hacía referencia específica a una divinidad relacionada al agua. El agua es también muy importante en las religiones de matrices africanas. El agua es, por lo tanto, un símbolo sagrado que une diferentes religiones.

En un evento con un líder budista de importancia mundial, un *Rimpoche* (Lama Raiz), él explicó que tienen la costumbre de hacer ofrendas de alcohol a la divinidad Mahakala. Esa divinidad es interesante y compleja, bastante diferente de las figuras religiosas que encontramos en la cultura occidental, porque representa al último poder destruidor y no está sometida a ninguna regla. Ella tiene el poder hasta de disolver el espacio y el tiempo en ella misma y existe como vacío en la disolución del universo. Es interesante ver como en la cultura budista, la destrucción es inherente a la existencia. Retomando lo que estaba comentando, el líder budista dijo también que, antiguamente, el alcohol era valorizado porque daba mucho trabajo producirlo y era relativamente raro. Pero, actualmente, es el agua pura lo que es raro e importante, porque todo está repleto de productos químicos. Por eso, él sugería que se substituya al alcohol por el agua, en la ofrenda. Pero, que debería ser un agua limpia.

Infelizmente, ese carácter sagrado del agua no ha impedido que se la considere un simple bien de consumo. Y se permite la polución a servicio de la humanidad y contra el servicio a la naturaleza, bien como de la propia humanidad. La polución del agua no se da apenas por medio de substancias químicas, de residuos urbanos e industriales. Hay más de dos mil millones de personas en el mundo que no tienen acceso a agua limpia para beber. Más de tres millones mueren a cada año por consumo de agua contaminada. Aproximadamente, el 80% de los casos de diarrea aguda, inclusive en el Brasil, tiene como causa el consumo de agua contaminada. Si consiguiéramos admitir el valor inherentemente sagrado del agua, tal vez, la pudiéramos cuidar mejor.

No apenas las cosas en su estado natural deberían recibir el valor de las cosas sagradas. Pero, las transformadas por el hombre, también. Creemos que un móvil, por ejemplo, sea un objeto hecho por la humanidad. En realidad, en su esencia, nada fue verdaderamente hecho por la humanidad. Las ondas de radio con frecuencias de microondas usadas para transmitir *bits* de información entre aparatos y antenas dispuestos por toda la ciudad se crearon en la naturaleza. La electricidad que da energía al aparato no es una invención humana. Todos los materiales utilizados en un móvil fueron creados en la naturaleza.

La humanidad se apropia de lo que la naturaleza le ofrece sin ninguna sin mayores formalidades. Si la humanidad diera el debido valor sagrado a todo lo que existe, podría haber más ética y respecto en el uso de la tecnología, desde la de los embalajes plásticos hasta la de las armas de destrucción en masa. Y es claro que estamos muy lejos de ese reconocimiento. Sin embargo, es necesario indicar ese camino para el futuro de la humanidad.

Recuperar el carácter sagrado de la materia, de aquello que el Universo, la naturaleza y todos nosotros somos hechos, podría llevarnos a tener más respeto en la preservación de los elementos que nos mantienen vivos, principalmente, del agua. Ella podría ser el símbolo que une a todas las religiones, que nos haga recordar que todos venimos del polvo de las estrellas, que somos la misma substancia. Y que todos vivimos alimentados por la misma luz.

EL UNIVERSO Y NUESTRA INTERPRETACIÓN DEL UNIVERSO

El Universo es completamente oscuro, si no hay nadie mirando hacia él. Para que se vuelva brillante, lleno de estrellas, galaxias, nebulosas, se hace necesario que lo estemos mirando. El Universo no brilla por él mismo.

El Universo solo brilla en nuestras mentes. Es preciso una mente que interprete a los fotones que entran por nuestros ojos y llegan a la retina. Pero ¿la vista representa a la realidad con perfección absoluta? ¿Nuestra mente interpreta a lo que está allá afuera de manera exacta?

Existe una imagen conocida que causa ilusión de óptica. Consiste en dos figuras, una esfera y un cono doble, hechos de hexágonos que parecen girar. Pero, no se trata de un dibujo animado. La imagen, en realidad, está fija, no se mueve. Pero, la mente la interpreta como si estuviera en movimiento.

Otra imagen que causa ilusión de óptica y es bastante conocida también, consiste en una especie de tablero de Damas, con algunos de sus cuadrados que parecen como si estuvieran en la sombra. Busque en la *Wikipedia,* ilusión de óptica. El tablero tiene algunos cuadrados más claros y otros más oscuros, todos en el tono de gris. Sucede que algunos cuadrados que están en la parte 'sombreada' tienen un tono de gris que es idéntico al de la parte más 'iluminada'. Pero, como para la mente, la información que le interesa es la de saber que hay cuadrados más claros y otros más oscuros, alternadamente, aquel cuadrado más claro de la parte 'sombreada' parece más claro que el cuadrado oscuro de la parte iluminada. Lo que la mente quiere ver es a la referencia de claro y oscuro constante. Es sorprendente, como al poner lado a lado a los dos cuadrados que parecían ser de tonos tan diferentes, parece como si cambiara el ton de gris. Pero, todo sigue igual, apenas la percepción se volvió diferente.

Las experiencias con ilusión de óptica demuestran que gran parte de las interpretaciones que hacemos de la realidad, se basan en suposiciones. Lo paradoxal del tablero muestra la importancia del contexto para nuestra interpretación de la realidad. O de la comparación entre los elementos de la realidad.

Haga la siguiente experiencia: ponga agua, a temperatura ambiente, en un recipiente. Llene otro recipiente con agua caliente (no muy caliente), y un tercer recipiente con agua helada. Coloque una mano en el agua caliente y la otra en el agua helada. Después, ponga las dos manos en el recipiente de agua a temperatura ambiente. Observe que la sensación térmica de la mano que estaba en el recipiente con agua caliente es la de que el agua a temperatura ambiente está fría. Mientras que la sensación de la temperatura de la mano que estaba en el agua helada es la de que el agua está tibia. Dos experiencias diferentes de la misma temperatura de un mismo objeto.

Otra forma de constatar cuanto la interpretación de la realidad se modifica según nuestros sensores y por mecanismos cerebrales de interpretación es el estudio de como nosotros vemos a los colores. ¿Será que la percepción de los colores es la misma para todos (sin contar con los que sufren de daltonismo)?

Los colores según la orden de su frecuencia de vibración se pueden organizar en una barra de colores, en la cual vemos lo que aprendemos a identificar como siendo verde en el centro y, en dirección hacia la derecha, amarillo, naranjado, rojo e infrarrojo (que no vemos). A partir del verde hacia la izquierda, se coloca el azul y el ultravioleta (frecuencia de color para la cual también somos ciegos).

La franja de luz que es visible para el ser humano define a la forma como percibimos visualmente a la realidad. Pero, veríamos a las cosas de forma muy diferente si fuéramos sensibles a la luz ultravioleta, como las abejas, o a la luz infrarroja, como las serpientes. Para las serpientes, todos los seres vivos brillan intensamente como lámparas prendidas, ya que el calor generado por ellos emite radiación electromagnética sucede en un órgano diferente de los ojos, el hoyo loreal. Pero, las dos imágenes, la producida por los ojos y la del hoyo loreal se funden en el cerebro, produciendo una sola imagen. Ellas pueden, inclusive, mudar voluntariamente de un órgano visual para otro, de acuerdo con el ambiente o hacer una combinación de los dos.

Entre los humanos, a pesar del sentido común de que los colores son, naturalmente, los mismos para todos los que no sean daltónicos. Existen evidencias de que la clasificación de los colores corresponde a un aprendizaje cultural. En un estudio científico, publicado en 2013, en la revista 'Cognition', conducido por Asifa Majid y Niclas Burenhult (Centre for Language Studies and Donders Institute for Brain,

Cognition and Behavior, Radbound University, Nijmegen, The Netherlands), no cual se hizo una comparación entre Jahais (un pueblo asiático que vive aún en un sistema de colector/cazador), y las personas que hablan inglés, se encontraron muchas discrepancias en la forma como ellos ven a los colores. Por ejemplo, desde un tono marrón oscuro hasta un verde oscuro, para los Jahais es negro. Algunos tonos de violeta y de azul claro son considerados blancos.

El pueblo Jahai no identifica tan bien a los colores cuanto las personas que hablan inglés. Sin embargo, ese mismo pueblo tiene una capacidad de identificar y clasificar olores mucho más aguzada de la que tienen aquellos que hablan inglés.

La explicación es que los colores, para el pueblo Jahai, no tienen la misma relevancia que tienen los olores. No se trata, por lo tanto, de una diferencia física en el sistema sensorial olfativo y auditivo. Un niño Jahai que fuera educada en otro contexto cultural, como por ejemplo, con pueblos que hablan inglés, tendría la percepción de los colores y el olfato compatible con ese contexto.

Aunque sea un fenómeno contrario a la intuición, la percepción de los colores tal como los vemos hoy, no es la misma que la de los pueblos antiguos. Al analizar textos arcaicos, los estudiosos observaron que se fue estableciendo una orden común, a fin de que se pudiera lograr hacer una descripción de los colores en los idiomas antiguos. Primero, aparecen palabras para negro y blanco u oscuro y claro, del día y de la noche. Luego, viene el rojo, de la sangre. Después, el amarillo y el verde y, por último, surge el azul. Si le damos una ojeada a las versiones antiguas de la *Biblia Sagrada,* no encontraremos muchas referencias a los colores. Pero, en versiones más recientes, aparecen colores que no fueron mencionados antes, como para describir, en diferentes pasajes, un manto especial, azul.

Entre los pueblos antiguos, apenas los egipcios tenían una palabra para el color azul, gracias a la importancia simbólica decurrente del uso de la piedra lapislázuli en la decoración de sarcófagos y en las artes en general, por medio de colorantes especiales. Ese color era muy valorizado. Tal vez, eso explique porque, después, el color azul, que era también, el color del cielo pasó a constar en los símbolos religiosos y a ser nombrado en textos sagrados. Naturalmente, los colores 'celestiales' deberían ser valorizados como sagrados. Pero, en la Antigüedad no era así. En realidad, la descripción del cielo, en los textos antiguos, se limitaba a 'claro' y a 'oscuro'.

Para demonstrar que, no apenas la percepción de los colores, pero también el significado a ellos asociado, varía con el tiempo y de cultura para cultura. Podemos recordar que las primeras representaciones de los demonios, en la Edad Media, no tenían color rojo. A los demonios se los representaba de color azul. Tal vez, por el aspecto cianótico de las personas en algunos tipos de enfermedad o cuando privadas de oxígeno. Ya he dicho que el Universo no brilla por si mismo. A seguir, voy a tratar de explicar mejor lo que quise decir. Nada brilla. Las cosas emiten fotones o reflejan fotones. El fotón es una partícula onda, que no arca en si mismo con la propiedad de 'brillar'. Él no brilla por si mismo. Nada brilla por si mismo, porque el brillo es una percepción abstracta de un ser sensible. Es imposible describir a la idea del 'brillo'. Cuando era niño, me quedé muy intrigado con la pregunta: ¿si se cayera un árbol en la floresta y no hubiera ningún ser vivo para oír el sonido que eso produce, ese sonido sería producido? Era un juego de lógica, porque si no había testigo, ¿cómo saber si existió el ruido? Yo creía que el sonido se produciría de cualquier forma. Pero, no es así. Sería producida la vibración que se transformaría en ondas que se propagan en el aire. Pero, la sensación del sonido apenas existe en la mente de los seres vivos sensibles.

La sensación de brillo va a suceder cuando el fotón entre por nuestros ojos y sea captado por la retina. Esa información sensorial es remetida por un feje de nervios, hasta que alcance la parte del cerebro conocida como lobo occipital, llamado, también, córtex visual. A seguir, la información viaja para otras partes del cerebro y, eventualmente, es almacenada en la memoria.

El proceso de visualización se puede comparar a una cámara fotográfica como las que tienen los móviles. En otros tiempos, las máquinas fotográficas apenas servían para hacer fotos. Y tenían una lente óptica grande, frente a la cual se podía poner filtros de colores, para conseguir efectos especiales.

En los teléfonos móviles, esos filtros han sido substituidos por programas de computación capaces de manejar la luz y reproducir lo que, antes, se obtenía con los filtros. En la mente humana, también hay filtros, pero estos se procesan en las neuronas. Como hemos visto, esos filtros pueden tener su programación alterada, inclusive por medio de un aprendizaje cultural. Los filtros 'culturales', asimilados por la experiencia del vivir, no se limitan a la percepción de los colores. Ellos existen para toda y cualquier interpretación de la realidad. Si una persona crece en un ambiente violento, ella puede resultar siendo menos capaz de percibir violencia en una actitud violenta. La violencia parecer ser natural, no habría conciencia de tal violencia.

Las neuronas son las células que procesan informaciones en nuestro cerebro. Es una red extensa de combinaciones posibles, ya que cada neurona se comunica con muchas otras neuronas, y tenemos, en media, 86 mil millones de neuronas en nuestro cerebro. Equivalen, por lo tanto, a algo parecido a cien millares de millones de conexiones posibles.

En las puntas de cada una de las diversas ramificaciones de cada neurona existe un mecanismo electroquímico, responsable por el pasaje o no de las informaciones. Hay una puertita diminuta, denominada fenda sináptica, que una leve diferencia de carga eléctrica acciona permitiendo que pasen substancias químicas.

Nuestro cuerpo está en permanente interacción con el ambiente, absorbe nutrientes, expele lo que no va a utilizar o que no le sirve más. Además, los millares de millones de células de nuestro cuerpo están inseridas en una 'red social' gigantesca, en la cual publican lo que están haciendo y los demás interactúan, dan un *like,* critican, comentan y es así, que, las células mantienen a nuestro corazón palpitando, combaten mutaciones genéticas, toxinas, infecciones, regulan la temperatura del cuerpo.

Sucede que, entre los millares de millones de células, existen algunas que son especializadas, las bien conocidas neuronas. Muchos de los procesos de comunicación del cuerpo se dan a través de las neuronas. Hay diversos estudios que muestran la influencia del pensamiento y lo que pasa en la mente, durante los procesos de comunicación de las células. Existen moléculas con base en el Carbono que están vinculadas directamente a sentimientos y emociones. Esos son los neuropeptideos, un tipo de neurotransmisor, o sea, son moléculas con base en el Carbono que transmiten informaciones en el sistema nervioso.

Esas informaciones sufren un control en las varias puntas de cada neurona. Cada punta está vinculada a otra punta de otra neurona. Entre esas puntas sucede lo que se conoce como sinapsis, que sería el permiso de pasaje del neurotransmisor de una neurona para otra. Este permiso de pasar sucede cuando la ya mencionada 'fenda sináptica' se abre, bajo un comando sutil eléctrico, o sea, por la diferencia de cargas eléctricas. Esto puede partir de un dolor o malestar en el propio cuerpo, o puede surgir de un elemento exterior, un estímulo de dolor o de placer. Las informaciones viajan por el cuerpo y llegan hasta los receptores de esas informaciones en el cerebro que, a su vez, reacciona y determina la producción de otras substancias químicas basadas en el Carbono. El efecto es inmediato o casi inmediato.

Los neurotransmisores pueden ser clasificados según su función en:
Neurotransmisores que excitan son los neurotransmisores que logran un efecto de excitación sobre las neuronas; ellas aumentan la probabilidad

de que la neurona dispare un potencial de acción. El potencial de acción es una inversión del potencial (carga eléctrica positiva o negativa), de la membrana que recobre una célula. Esto sucede en muchas células, pero, principalmente, en las neuronas. Entre los principales neurotransmisores que excitan se incluyen a la epinefrina y a la norepinefrina.

Neurotransmisores inhibidores son los neurotransmisores que logran un efecto inhibidor. Ellos disminuyen la probabilidad de una neurona de disparar un potencial de acción. Entre los principales neurotransmisores inhibidores están la serotonina y la GABA.

Algunos neurotransmisores, tales como la acetilcolina y la dopamina, tanto pueden tener efectos de excitar y de inhibir, según los tipos de receptores que estén presentes. Eso aumenta tremendamente su complejidad de acción y, ciertamente, es un obstáculo a la tentativa de producir efectos terapéuticos con la administración de remedios que interfieran en la producción de esos neurotransmisores.

A seguir, vamos a enumerar a algunas de las funciones atribuidas a los neurotransmisores norepinefrina, serotonina y dopamina. La norepinefrina está relacionada a los estados de alerta, concentración y energía. A la serotonina se le atribuye obsesiones, compulsiones y memoria. Ya a los estados de placer, recompensa y motivación son atribuidos a la dopamina. Sin embargo, la combinación de estos tres neurotransmisores resulta en funciones diferentes. La serotonina y la norepinefrina juntas están relacionadas a la ansiedad, al impulso e irritabilidad. Ya la dopamina con la norepinefrina, al estado de atención. La serotonina junto con la dopamina, al apetito sexual y a la agresión. Por último, a los tres neurotransmisores combinados entre si se los relaciona al estado general del humor y a las funciones cognitivas. Como se puede ver, el equilibrio suele ser bastante sutil, por las variaciones infinitas de combinaciones según la cantidad de neurotransmisor comprometido. Además, esos no son los únicos neurotransmisores. Por otro lado, también, se hace necesario aclarar que el papel de los neurotransmisores atribuidos por las investigaciones científicas está aún lejos de ser absolutamente exacto.

Cuando se acerca la hora del almuerzo y aún no comemos nada, la imagen de una comida, como la de un sándwich hecho con un pan fresco y relleno de un buen *hamburger*, con queso derretido, hojas de lechuga, rodajas de tomate bien rojo, parece algo apetitoso (al menos, para quien no sea vegetariano). La boca se llena, eventualmente, de saliva y el estómago hasta puede roncar. Neurotransmisores relacionados al apetito y al placer se activan casi instantáneamente. Pero, ya por el tercero o el cuarto sándwich, este ya no parece tan rico. Al contrario, un poco de nausea puede aparecer o hasta alguna sensación de repulsa. Este proceso de hambre y saciedad, son los neurotransmisores de la excitación y seguidos de los inhibidores, los que lo estimulan.

Pero, no necesitamos de un delicioso sándwich para tener sensación de hambre. Ni siquiera de su imagen. Nos basta que lo visualicemos al sándwich en la mente. Lo contrario también sería verdadero. Ha sido realizada una experiencia psicológica en la Universidad de Carnegie Mellon, en Pittsburgh, Pensylvania, en el

2010, publicada en la revista *Science*. Se utilizó un paquete de las conocidas pastillitas M&M. Las personas se imaginaban que estaban comiendo, una a una, decenas de pastillitas de todos los colores, de chocolate recubiertos de azúcar. Solamente después, se les ofreció pastillitas reales y las personas que habían sido sometidas a esa experiencia de imaginar que estaban comiendo, se sentían saciadas con una porción menor que las que no habían hecho el ejercicio de mentalizar. Sin embargo, la sensación de saciedad es algo que se direcciona. Si usted se imagina ingiriendo muchas pastillitas M&M, según la experiencia, apenas va a disminuir sus ganas de comer.

Dejemos un poco de lado lo del sándwich y lo de las pastillitas M&M, esperemos que el lector no pare de leer para correr a abrir la heladera, podemos utilizar lo que aprendemos sobre como nuestra mente funciona. Retomando el capítulo anterior, podemos reflexionar porque seria importante considerar sagrado a todo el Universo; porque sería una forma de ver al Universo con un valor inherente, un valor que puede ayudarnos a sentirnos menos solos, menos desamparados.

La actitud de reverencia al Universo lleva a un sentimiento de gratitud que es muy saludable. Pues, el sentimiento de gratitud da una sensación de bien estar. Hay los que dicen que, si agradecemos al Universo, a cambio, recibimos mucho más. No sé si eso es científicamente verdadero, pero, podríamos decir que el hecho de manifestar gratitud y de dar valor a las proezas del Cosmos hace con que se consiga ver la magnitud de lo que recibimos. Esta actitud mental ayuda a mantener el equilibrio de las fuerzas que actúan permanentemente en nuestro organismo. El sentimiento de gratitud puede ser dirigido a Dios o a los Dioses, al Universo o al azar. Pero, es saludable que él exista en nuestras mentes.

Una vez tuve que hablar en una comunidad pobre a respecto de los derechos de la infancia y de los adolescentes. Y mencioné una antigua experiencia de un sicólogo canadiense, Bruce Alexander, en la cual se colocaban ratones en un ambiente saludable, 'el paraíso de los ratones', con dos líquidos, uno de agua normal y otro de agua con heroína. Y se hizo lo mismo con ratones en un ambiente de 'stress', con barullo, desagradable, 'el infierno de los ratones'. Los investigadores relataron que los ratones que vivían en el ambienta saludable, no quedaron viciados en heroína, preferían tomar agua normal. Mientras que con los ratones del ambiente estresante sucedió lo contrario (pobres ratoncitos). Hablé sobre eso para tratar de hacer ver la importancia de un ambiente saludable para criar a niños y a adolescentes y como la pobreza podría ser un factor de desestabilización que necesitaría poder ser enfrentado.

Sucedió que yo no me encontraba en mi ambiente habitual. Me encontraba en un ambiente con madres vivenciaban la relación con sus hijos en un ambiente penal, eran madres de presos o de adolescentes que cumplían medidas socio educativas, lo que es un eufemismo para la prisión común. Así, el impacto de lo que yo estaba diciendo fue mayor de lo esperado. Una de las madres me hizo una pregunta que yo no supe responder. Ella me dijo que su hijo vivía en un ambiente relativamente saludable, que tenía lo necesario para vivir con dignidad. Sin embargo, él había caído en el mundo marginal de las drogas y ahora estaba cumpliendo medida socio educativa. Traté de apelar al sentido común y dije que él podría haber sido influenciado por personas que viven en un ambiente insalubre. Ni ella se conformó con la respuesta, ni yo tampoco.

Un tiempo después, al ver que esa experiencia aún me molestaba, fui a conversar con un psicólogo. Él me hizo la pregunta que yo le hubiera podido hacer a la sufrida madre: "él tenía lo necesario para vivir, pero ¿sabía él lo tenía?" Pues, nosotros solo 'sabemos' cuando tomamos conciencia, cuando la mente consciente asimila y acepta la información. Caso contrario, podemos ser influenciados por suposiciones del inconsciente y pautar nuestras acciones según suposiciones eventualmente erradas.

> "Ya no sé quién soy, dijo Guautama. Pero, soy bendito, porque llevé solo cinco años para saber quién no soy". Deepak Chopra. *Buda, la historia de un Iluminado.*

Deepak Chopra cita una frase, que la atribuye al poeta persa Rumi, según la cual "el lenguaje de Dios es el silencio. Todo el resto es una traducción pobre". Esa frase, sin embargo, en la *internet*, anda siendo atribuida al Padre Thomas Keating, quien la habría escrito en su libro, *Invitation to Love: The Way of Christian Contemplation.* Puede ser que el padre haya hecho referencia a Rumi, no sé. O tal vez, se trate de una coincidencia. Pero, si es cierto que el lenguaje de Dios es el silencio, también lo es el que vivamos en un Universo barullento. No digo barullento en el sentido de que produzca ruidos sonoros. Pero, sí en el sentido de que el Universo sea pura comunicación. El Universo habla, pero usa un lenguaje propio.

¿De qué sirve la existencia si nadie sabe que usted existe? ¿De qué vale que usted exista si nadie puede verlo, oírlo, sentirlo? Para todo eso se necesitan seres sensibles. Sin ellos, el Universo es pura soledad. El Universo solamente puede ser tocado, visto, oído por seres sensibles. Hasta más que eso, cosas más abstractas, como el amor o el odio, la compasión y el desprecio, el placer o el dolor, probablemente, apenas puedan ser percibidos por seres sensibles. Con todo, el Universo parece haber sido hecho para ser notado. ¿Acaso, sería posible imaginar un universo hecho por partículas como el neutrino, que no interactúa electromagnéticamente y, por eso, atraviesa nuestro planeta entero como si no hubiera nada por el camino? Miles de millones de partículas de neutrino atraviesan nuestros cuerpos a cada segundo sin que se les note.

Algo muy diferente sucede con el Hidrógeno, el Carbono, el Nitrógeno, el Oxígeno y las moléculas de agua (Hidrógeno más Oxígeno), que vagaron por el espacio durante casi diez mil millones de años hasta que una parte de esos elementos se concentró en un pequeño planeta rocoso, la Tierra, hace 4,5 mil millones de años atrás. Aquí, fue necesario que las cianobacterias, única forma de vida existente en esa época, pudieran liberar oxígeno en la atmósfera por otros mil millones de años hasta que la atmósfera tuviera suficiente oxígeno como para da soporte a otras formas de vida.

El Carbono es el único elemento de toda la tabla periódica capaz de realizar enlaces químicos necesarios a la vida tal como la conocemos. Él es el helo o el nudo que une principalmente Hidrógeno, Nitrógeno y Oxígeno en cadenas de moléculas que pueden ser increíblemente largas como las del ADN, o las de las enzimas y de las proteínas.

La molécula de ADN es una cadena de átomos muy fina, con enlaces de Carbono y está en cada célula de nuestro cuerpo, ocupando un espacio mínimo del núcleo celular. Aunque si se la sacara del núcleo y se la estirara, ¡tendría cerca de dos metros de largo! Como hay millones y millones de células en cada persona, al unir a todos los hilos de ADN de todas las células de los cuerpos unidos unos a los otros, se formaría un hilo que iría de la Tierra al Sol decenas de veces. Si el hilo del ADN humano tuviera la espesura de un hilo de cocer, ¡su largura sería lo equivalente a 40 Km!

Si nos ponemos a pensar que, para que sintamos lo que sentimos se precisa un flujo intenso de moléculas basadas en el Carbono y para relacionarnos entre nosotros mismos y con el medio ambiente, podemos imaginar que estos elementos químicos esenciales para la vida y presentes en innúmeros componentes de nuestro cuerpo, H, C, N, O, son como las letras de un alfabeto a través del cual el Universo se comunica con nosotros. Una molécula basada en el carbono es como una frase que contiene información.

Se conocen más de nueve millones de compuestos orgánicos, o sea, de moléculas en las cuales los átomos, principalmente, de Hidrógeno, Nitrógeno y Oxígeno son atados por medio de enlaces covalentes con átomos de carbono. Muchas de esas moléculas basadas en el Carbono se relacionan directamente con nuestro organismo, aun cuando hayan sido producidas en otros seres vivos o creadas en laboratorio. Es como si hablaran con nosotros, dándonos complejas instrucciones.

Para que podamos tener una idea de la riqueza de ese vocabulario, la lengua portuguesa contiene cerca de 450 mil palabras, pero usamos unos pocos miles para hablar en nuestro día a día y expresar la mayoría de las cosas que necesitamos decir. Es verdad que con esas palabras combinamos frases y con las frases hacemos párrafos, lo que aumenta mucho a las posibilidades de expresión. Del mismo modo, los componentes basados en carbono se combinan y actúan juntos y aumentan exponencialmente la complejidad de tal comunicación, la cual, sin embargo, sucede por si misma, sin mayor esfuerzo de nuestra parte. Lo que sí necesitamos es esforzarnos para que no perturbemos a la comunicación.

No nos es fácil comprender o percibir a la química basada en el carbono como siendo una forma de comunicación. Ella se parece más al lenguaje de las computadoras, donde las instrucciones son transmitidas y determinan que comportamiento debe adoptar la máquina. Pero, el lenguaje del Universo es mucho más complejo, sutil, sofisticado, detallado. En el ser humano existen miles de genes que codifican a las proteínas. Pero, estos son una parte ínfima del genoma, apenas el 1,5%. Lo que hace cada pedacito del ADN aún se está descubriendo.

Estamos acostumbrados al lenguaje tal como lo conocemos, por medio de la oralidad y del registro de esa oralidad en un soporte gráfico, con las letras que componen al texto. Pero, es interesante saber que hay otras formas, muy diferentes, de registrar al pensamiento y de comunicarse.

Un ejemplo de eso es el *quipu*, un instrumento utilizado para la comunicación entre los incas. Era hecho uniendo cientos de cordones que, podían ser de colores o no, podían tener adornos como, por ejemplo, huesos, plumas, y, en los cuales la posición de cada nudo que se da en cada cordón significa un mensaje diferente. Cada cordón podía tener uno o más nudos o, ninguno, o, apenas un único nudo en la punta o en la base. Durante mucho tiempo se llegó a pensar que los incas no habían desarrollado ninguna forma de lenguaje escrito, a pesar de que habían llegado a formar una civilización sofisticada. Hasta que se llegó a descubrir que los *quipus* serían como libros o pergaminos. Pero, que hasta hoy aún no se ha llegado a descifrarlos completamente. La única para que ha sido descifrada, en ese sistema de escrita utilizado en el *quipu*, es la parte matemática, la anotación de números. Faltan referencias para descifrar la literatura. Pero, si hay alguien que tenga curiosidad por el tema, le recomiendo que busque en un sitio específico de *internet*, al proyecto espectacular, con sede en la Universidad de Harvard, que creó una base de datos con los códigos del *quipu*.

Esos cordones con adornos, nudos y colores me hacen recordar a la cadena de átomos de las moléculas basadas en carbono. El carbono funciona, exactamente, como un nudo, que ata a los demás elementos. No conseguimos descifrar exactamente porque cada combinación distinta, al variar la posición de cada partícula atómica y la cantidad de ellas, produce efectos tan específicos en nuestro organismo. El hecho de que no hayamos descifrado a ese lenguaje no lo descalifica como lenguaje. Tal como sucede con el *quipu,* ya hemos tenido bastante éxito en descifrar a la matemática del Universo. Pero, aún no a su literatura.

No estoy queriendo despreciar a los avanzos enormes que han obtenido las ciencias en la diferenciación de las funciones de las clases de compuestos orgánicos, como, por ejemplo, las de los aminoácidos, las proteínas, las enzimas. El desarrollo de la comprensión de esos fenómenos químicos es admirable. Pero, aún falta mucho por comprender completamente esa comunicación a través de la química basada en el Carbono. El funcionamiento de la fisiología del cuerpo humano es demasiado complejo. Así, buena parte del esfuerzo de la ciencia que abarca a la fisiología es a base de tentativa de error. Se testan moléculas orgánicas, se verifican sus efectos benéficos y maléficos, se supone como se da tal efecto y, después de la muerte de miles, a veces, de millones de animales utilizados de cobayas, los remedios llegan a las estanterías para consumo humano.

No es secreto para nadie, lo que con cierta frecuencia sucede, de que hay ciertos medicamentos considerados seguros y, después de cierto tiempo, se percibe que ellos producen efectos dañinos mayores del mal que se pretendía curar. Cuando eso se constata, esos medicamentos pasan a ser desautorizados. Pues, también en ese campo, se ha conseguido, de cierta forma, tener acceso solo a la parte matemática y aún hace falta lo que estoy llamando de 'literatura'. Si pudiéramos tener dominio pleno del funcionamiento fisiológico, no necesitaríamos andar tanteando en la oscuridad, a base de tentativa y error.

Hay muchos para quienes la matemática sería el lenguaje del Universo. Mas, tal vez, esa sería la parte del lenguaje del Universo más fácil de descifrar por tratarse de una matemática auto referenciada. Esa característica ha permitido que fuera descifrada la parte matemática del *quipu*. Pero, tal como éste, sabemos que hay una parte aún no descifrada y para la cual nos hacen falta referencias, nos falta una Piedra de Roseta. Podemos llamar a esa parte que falta, de literatura del Carbono.

Hago uso de la expresión 'literatura' en vez de lenguaje o comunicación, porque lenguaje o comunicación es el método de transmisión de una información. Pero, lenguaje y comunicación no tienen contenido, son solo herramientas. Aunque no sea fácil conceptualizar a la literatura, a diferencia de otros textos escritos, ella, ciertamente, abarca valores abstractos, contenido, narrativa.

Las religiones son resultado de un esfuerzo por crear una narrativa, una literatura fundamental. Ellas se basan en la observación de la naturaleza, pero también en el comportamiento moral del ser humano. Sin embargo, están asentadas en una visión de mundo de antes de la revolución científica, cuando la observación de la naturaleza aún se daba a simple vista. Las herramientas que agrandan nuestra visión del mundo y el desarrollo continuo de técnicas como la matemática y la física deberían ser usadas para una visión actualizada del mundo, en busca de la literatura del Carbono, hasta tal vez para que una lectura de los textos sagrados pueda ser hecha de modo más cercano de sus orígenes.

La matemática y la física son excelentes instrumentos para conocer la realidad. Actualmente, se estima la edad del Universo y, más que eso, creemos que el Universo tuvo un inicio. Esa comprensión solo fue posible gracias a la física y a la matemática. Podemos inclusive prever cuando se va a acabar la energía del Universo, significando el fin de todo. Son aspectos importantes de la realidad. Podemos enviar una sonda hacia los confines del sistema solar y hacer con que ella entre en órbita en un planeta distante, apenas haciendo cálculos, previendo, por medio de las matemáticas, la trayectoria que deberá ser seguida. Las matemáticas revelan mucho de lo que está sucediendo, de lo que ya sucedió y de lo que va a suceder. Pero, no revela lo que es, ni como, ni porqué.

A partir de Isaac Newton, la ciencia moderna asumió esa característica. Según Marcelo Gleiser, en *La isla del conocimiento*, "no hay lugar (…) para lo que no sea deducido a partir de fenómenos, no cabe la especulación metafísica". Es la descripción del mundo natural, sin explicación para las causas y los porqués. Sabemos que los átomos tienen masa, pero ni sospechamos de lo que sea la masa. Sabemos que existen cargas eléctricas, pero no tenemos la menos idea de la naturaleza de la carga eléctrica. Apenas aceptamos la existencia de esas cosas, damos nombres, medimos, examinamos. En suma, apenas creamos conceptos y esos conceptos no son definitivos. Como el concepto de átomo creado por los griegos, que era el de ser la menor porción de materia, cuando ni se sospechaba de como eran las partículas, que ahora sirve para que veamos una cosa que hasta hace poco tiempo atrás era un núcleo con una órbita de electrones y que ahora es un núcleo envuelto por una nube de probabilidades.

Marcelo Gleicer (*op. cit.*), discurre sobre como la metafísica fue siendo alejada de la ciencia, a pesar de la necesidad de tener que enfrentar algunas cuestiones de esta naturaleza. El lamenta que los pocos científicos que hacen ese tipo de enfrentamiento, por veces, sean superficiales e incoherentes y crean más confusión y sensacionalismo. Pero, quiero dejar claro, que no tengo ninguna pretensión aquí, de tratar de la metafísica de la naturaleza, hasta por motivos de absoluta falta de preparo para tanto. La interpretación de la realidad que propongo no está a un nivel tan alto. Mi pretensión, al proponer una literatura del

Carbono, es la de ofrecer una interpretación directa, práctica, pragmática.

Cuando se verifica que pensamientos positivos, como la gratitud y la compasión causan efectos benéficos en cada célula de nuestro organismo, puede ser que continuemos sin entender el porqué, pero, seguramente, creamos una parte de la literatura del Carbono. Pues, con esta constatación conseguimos percibir como valores abstractos e inmateriales, tales como gratitud y compasión, suelen producir beneficios para la existencia de la vida. En esta lista, se podría incluir a la empatía, pero, a seguir, comparto las restricciones a esta opción presentadas por el sicólogo americano, Paul Bloom, en el libro *Against Empathy*, que aún no ha sido traducido al portugués. De todas maneras, la empatía solo gana significado real cuando es acompañada, a seguir, por la compasión, la cual incluye acciones en beneficio de otras personas.

Prácticas de entrenamiento mental, como meditación o *mindfulness,* parece que mejoran la salud, permitiendo mayor equilibrio de las substancias presentes en el cerebro y ayudan a combatir el stress crónico. Por otro lado, la práctica continua de la meditación parece tener efectos durables. Así, como también parece que promueve un vínculo mayor de la mente con el Universo del que formamos parte.

Sabemos que existe una parte de la mente encargada de producir la sensación de individualidad, de separación entre lo que somos y el resto. Esa percepción es importante y hasta esencial. Pues, hay relatos de lesiones cerebrales que causan la pérdida de esa identidad. Algunas veces, las personas que sufrieron esas lesiones pasan a absorber una identidad de referencia en el ambiente de su alrededor o la de su interlocutor. Por ejemplo, si está frente a un médico, cuando ve una túnica blanca, se presenta, diciendo: "mucho gusto, yo también soy médico". Esa condición es conocida como síndrome de Zelig y fue tema en una película de Woody Allen.

Pero, además de esa situación, puede suceder que una lesión resulte en una sensación de dilución del propio yo en el ambiente y hasta en el Universo, como fue la experiencia de la doctora Jill Bolte Taylor, lo que la llevó a escribir el libro: *La científica que curó al propio cerebro*. El relato sobre la dilución de su propia existencia es angustiante:

> "Mi cuerpo estaba apoyado a la pared de la ducha y a mí me parecía extraño tener conciencia de que no podía más discernir claramente los límites físicos, o ¿adónde comenzaba yo y adónde terminaba? Sentía a la composición de mi ser como algo que fluía, que no era sólido. Ya no me percibía como un objeto entero, separado de todo. En lugar de eso, ahora, me fundía con el espacio y fluctuaba a mi alrededor. Contemplando un sentimiento creciente de cisión entre mi mente cognitiva y la capacidad de controlar y de manipular mis dedos de manera refinada, mi cuerpo pesaba y mi energía se iba".

A nadie le gustaría quedarse preso en semejante situación. Pero, muchos practicantes de meditación relatan que sienten una conexión mayor con el Universo, como si les fuera abierta una puerta para una conciencia más amplia. Hay algunas personas que sienten eso de una forma acentuada durante la práctica de la meditación, llegando, inclusive, a sentirse diluidas en el espacio. Pero, les basta abrir los ojos para que la sensación de individualidad sea restaurada. Es común que los practicantes de meditación se muestren más interesados en psicología, religión, espiritualidad y conciencia, como sucede conmigo y como lo prueba este texto que escribo.

Podemos hacer una sencilla comparación, entre el escenario encontrado por el ser humano en el Universo y una escena doméstica. Imaginemos que nos encontramos delante del siguiente escenario: con una torta deliciosa sobre la mesa. Al mirar hacia la cocina vemos que el horno aún está caliente, hay una forma de hornear aún con residuos de harina, un paquete de harina a medio vaciar, una caja de huevos solo con la mitad de ellos, un poco de leche, un paquete abierto de levadura. Concluimos, con cierto grado de certidumbre que la torta fue hecha en aquel ambiente y con esos ingredientes.

Si hubiera un billete diciendo quien hizo la torta, que receta siguió, para quien lo hizo, nos quedaríamos más seguros. Pero, el repostero anónimo no dejó ningún billete firmado sobre la torta. De lo que usted tiene seguridad es de lo que usted ya vio. Una torta deliciosa, un horno aún caliente, la forma de hornear sucia, los ingredientes por la mitad. Entonces, usted piensa, si la torta está en su casa, debe ser para usted, pero, y, ¿si es para vender o para llevarla a otro lugar? Usted nota que la mesa, con la torta al medio, está puesta con platos y cubiertos disponibles para todos los que habitan la casa. Entonces, la torta no es solo para usted. Frente a eso, usted puede concluir que el repostero, aparentemente, debe ser una persona generosa y compasiva.

Claro está que esa sencilla metáfora es insuficiente para retratar a la realidad compleja que encontramos en el Universo. En la realidad del Universo, no podríamos descartar a las hipótesis mencionadas, el multiverso, el Universo que crea a si propio, el Universo que crea seres capaces de volver a crear el Universo. En este contexto, la existencia de un repostero cósmico no es la única posibilidad para explicar la existencia de la torta en su mesa. En realidad, la torta podría ser hecha, al menos teóricamente, por si misma, sin repostero, como el dios Atum, de la mitología egipcia que creó a si mismo antes de crear al Universo.

Pero, podemos, a partir de la observación de la realidad y investigándola cada vez más, encontrar directamente, en aquellos objetos, algunos elementos que sean, de cierta forma, compatibles con una literatura del Carbono. Para no perder de vista la metáfora, aunque estemos en una realidad en la cual la torta pudiera ser hecha sola, sea por el azar, sea por un fenómeno que no implique en una conciencia, no necesitamos, ni debemos dejar de apreciar, con alegría, a la torta deliciosa. La alegría, el sabor, el aroma, la satisfacción, todo eso es necesario que esté contenido en la interpretación de la escena y en la literatura que la describa.

La meditación sirve de ayuda para esta investigación porque es, al mismo tiempo, un proceso de autoconocimiento y de conocimiento de la realidad, frente a nuestro estrecho vínculo con el Universo. Deepak Chopra dijo que en la "meditación no se trata de aprender algo nuevo, pero de recordar quien es usted, más allá del *carma,* más allá de los condicionamientos". Y, de paso, para quien cree en el *carma,* eis una buena noticia. Según Deepak Chopra, la meditación es un medio de liberarse del *carma.*

Este tipo de conciencia obtenida por medio de la práctica de la meditación puede ser una herramienta que ayude a descifrar la literatura del Carbono. Pero, es necesario saber que la literatura del Universo que visualicemos, por medio del pensamiento y de la observación será, por mucho tiempo, un ínfimo y tenue fragmento de su contenido. No hay ninguna garantía de que un día tendremos pleno acceso a esa literatura, frente a las dificultades ya mencionadas, en especial, al de la falta de referencias.

Por otro lado, debemos mantenernos alertas para las trampas de la certidumbre. La certidumbre puede ser el camino más corto hacia la tragedia, como la seguridad de que seguimos por el camino justo de la carretera que es la que nos lleva a la ciudad y este camino, en realidad errado desde el comienzo, nos lleva hacia el desierto. Y cuando nos damos cuenta ya estamos sin combustible y sin agua. Una interpretación de la realidad basada en un amor excesivo a ciertos conceptos nos puede llevar a equívocos.

Marcelo Gleiser, en su obra, *La creación imperfecta,* hace referencia al error cometido por Johannes Kepler, uno de los grandes genios de la Humanidad. Como él era fascinado por la geometría como siendo uno de los elementos de lo que estoy llamando de literatura del Carbono, y era fiel al principio de que existiría armonía en todo, incluso en las órbitas de los planetas, él afirmó que debería haber una relación entre esas órbitas y los principales sólidos geométricos, tetraedro, cubo, octaedro, dodecaedro e icosaedro. Esa correlación nunca encontró resonancia en la realidad. A pesar de eso, Kepler realizó enormes contribuciones para la ciencia, en especial, con el descubrimiento de que las órbitas de los planetas son elípticas y no circulares.

Otro error que es consecuencia de la visión preconcebida de la realidad, la creencia en la existencia eterna del Universo, que se mencionó al comienzo de este texto, es el de la inserción de la constante cosmológica por Albert Einstein. Una vez que ya advertimos que la convicción absoluta puede conducirnos a muchos errores, prosigamos en busca de la literatura del Carbono, aún sin la certidumbre de que ella realmente exista.

Cuanto más nos acerquemos de la realidad, menos expuestos estaremos al error. Como lo afirma Deepak Chopra,

> "la gran ventaja de la experiencia es que ella no es teórica. La realidad no está errada y todos nosotros estamos metidos en ella, no importa qué modelo apliquemos para explicarla. La realidad espera que nos acerquemos más a sus misterios. Mientras tanto ni dudará y ni llegará al fin. La realidad continuará siendo nuestro hogar, nuestra fuente y el estado fundamental de nuestro ser, mucho más allá de la vida previsible del universo".

A pesar de que aún estemos muy lejos de poder comprender a la literatura del Carbono, buena parte del lenguaje celular o de las señales emitidas por las células ha sido desvendada, sobretodo la que compone el sistema inmunológico. Desvendada es una manera de decir. No se sabe aún porque un leve cambio de configuración de una molécula basada en el Carbono, la transforma en algo totalmente diferente. Al menos se sabe algo del papel que desempeñan algunas de esas moléculas, lo que permite diseñar un mapa o flujograma. El flujograma de informaciones dentro de una célula es increíblemente complejo. El dibujo de ese flujograma hace recordar el esquema de un circuito integrado, el llamado 'chip de la computadora'.

El sistema inmunológico es capaz de diferenciar millones de moléculas orgánicas distintas, separando a las moléculas 'amigas' de las 'enemigas'. Para eso, se usa un sofisticado sistema de receptores aleatorios *nonself* (no yo), o sea, receptores que muestran que los compuestos no han sido producidos por el propio organismo, en oposición a los receptores *self* (yo).

Las moléculas se encajan en los receptores como las llaves en la cerradura. Además de que existen en el sistema inmunológico, esos receptores existen, también, en todo el cuerpo, con innúmeras funciones relacionadas a la comunicación celular. Por ejemplo, las pimientas, que producen una sensación ardiente, poseen una molécula conocida como *capsaicina*, compuesta de Carbono, Hidrógeno, Nitrógeno y Oxígeno ($C_{18}H_{27}NO_3$). Ella es capaz de engañar al receptor nervioso situado en la piel y de producir la misma sensación de algo que estando a una temperatura de 43° C tocara o se aproximara de la piel. Es como si se estuviera poniendo una falsa llave en la 'cerradura del dolor'. O, entonces, si pensamos en las moléculas basadas en el carbono como una forma de lenguaje y comunicación, la capsaicina equivaldría a una *fake news*. Curiosamente, los pájaros no poseen receptores para la capsaicina y pueden comer pimiento sin sentir ardencia.

Pero, existen otros *fake news*, mucho más peligrosos, como la cocaína ($C_{17}H_{21}NO_4$), que mantiene la duración de la dopamina en el cerebro, capaz de producir una sensación de placer sin ninguna causa de la realidad exterior. Sucede que la mente necesita del flujo permanente, llenar lo que está vacío, vaciar lo que está lleno. Los efectos del exceso de dopamina son una de las causas de muerte por sobredosis de cocaína. Es interesante notar que el uso de la hoja de coca en su estado natural se practica, entre los pueblos andinos, desde hace miles de años, sin perjuicios. Es el refinamiento de la hoja de coca, cuando la substancia es aislada, que torna al producto tan peligroso, porque su dosis de concentración de cocaína aumenta enormemente.

Otras substancias sintéticas, como la metanfetamina ($C_{10}H_{15}N$), aumentan la amplitud de las fisuras sinápticas, o sea, los neurotransmisores pasan en mayor cantidad, llenando al cerebro de esa substancia, lo que acaba causando una sobrecarga. En un primer momento, nos parece estar más conectados a la realidad, todo provoca una reacción mayor que lo normal. Pero, esa sensación termina rápidamente y, en contraste con la equilibrada normalidad, la vida, repentinamente, parece sin gracia, llevando al deseo de consumir más droga.

Aunque los neurotransmisores hagan parte de los procesos cerebrales que resultan en sensaciones y sentimientos, su objetivo es conectarnos con la realidad para que podamos atender a las demandas de esa realidad. Ellos existen para indicarnos la sensación de amar cuando necesitamos amar, nos dan una señal de la sensación del sufrimiento cuando necesitamos sufrir, nos apuntan hacia la sensación de placer para que celebremos la realidad de estar vivos. Los neurotransmisores necesitan estar en armonía con lo que vivenciamos en el presente, para que nos ayuden a interpretar la realidad de forma más justa y precisa.

Claro está que pueden existir deficiencias orgánicas que lleven a un cuadro de depresión y los remedios pueden ser útiles. Pero todo lo que podamos hacer para garantizar que nuestro organismo produzca por sí mismo lo necesario, a partir de lo que vivenciamos y a partir de lo que recibimos como alimentos, debe ser hecho.

Si puede ser verdad que la naturaleza parece indicar a los caminos de gratitud y compasión como siendo favorables a la vida, una lectura exenta de lo que podamos observar en la naturaleza demuestra que no existen apenas armonía y cooperación. Todos sabemos de la lucha por la sobrevivencia que hace con que se enfrenten presas y predadores. Inclusive, hasta las plantas compiten, literalmente, por un lugar al sol, como los árboles que se vuelven cada vez más altos para garantizar el acceso de sus hojas a la luz solar. La cooperación y la comunicación entre nuestras células se da, en gran parte, para que ellas venzan la lucha diaria contra los invasores. Y aún nuestras propias células pueden cambiarse en células cancerígenas, que colaboran entre sí y también luchan por su sobrevivencia en el ambiente hostil de nuestro cuerpo (desde el punto de vista de ellas). Eventualmente, las células cancerígenas vencen la batalla por el control del cuerpo y, trágicamente, eso significa que perderán la guerra por la sobrevivencia, muriendo junto a las demás células.

Un hecho posible que consigo leer en el Universo y que la mayoría de las personas percibe de modo diferente es el de que nosotros, los seres humanos, no tenemos una posición privilegiada entre los seres vivos. La naturaleza ofrece recursos para sobrevivir a todos los seres vivos. A ella pareciera que le importa la sobrevivencia del ADN que todos comparten y no como quien arca con él, específicamente. Para mí, eso es una lección de humildad. Por otro lado, realmente, tenemos algunas características que nos tornan diferentes y debería ser nuestra responsabilidad usar esas características en beneficio de todas las formas de vida.

En su obra, *La creación imperfecta*, Marcelo Gleiser, nos recuerda que el Universo solo existe por una desarmonía inicial, por una prevalencia de la materia sobre la antimateria. Esa imperfección es, dígase de paso, esencial en la forma defendida por el autor, para descifrar el código de la naturaleza. La desarmonía de la naturaleza es la demonstración de otra característica: los grados de libertad. Un Universo perfectamente armónico sería un Universo no creativo. Sería como un cristal de diamante, preso infinitamente en la misma eterna belleza.

Sin embargo, la desarmonía y el conflicto hacen parte de la naturaleza, no es su estado primario. La desarmonía e el conflicto pierden mucha energía. Así, si es verdad que no podemos evitar el conflicto en nuestras vidas, es sensato no apegarse a él, bajo pena de que agotemos toda nuestra energía vital.

A partir de eso, las cosas simples, de las cuales más necesitamos son: una buena alimentación, meditación, contacto con la naturaleza y ejercicios físicos. Todo eso permite el flujo que nos mantiene equilibrados, en un estado natural de armonía, que nos deje capacitados para enfrentar a los momentos de conflicto, de desarmonía. Tan sencillo, pero tan complicado, como dice el presidente de la Sociedad *Vipassana* de Meditación, en Brasilia, Regis Guimarães.

La comunicación entre las células se da por medio del recibimiento de la información a través de un compuesto orgánico que entra en contacto con un receptor específico de la célula. Cuando la célula recibe esa información, ella la transmite y la amplia de forma a que la información llegue a las demás células del cuerpo. Es como si la célula recibiera un recado y lo repasara.

Pero, vamos a tratar de entender la complejidad de ese proceso por medio de una analogía con la comunicación por teléfono móvil. La analogía es pertinente porque el nombre del sistema de comunicación con dispositivos móviles es el de 'celular' porque, justamente, cada teléfono equivale a una célula. La torre del celular puede ser comparada a las neuronas. Somos casi ocho mil millones de personas en el mundo. Imagínese que todos tienen un móvil y un cierto grupo de personas, al recibir un meme gracioso, lo repasa hasta que todos los ocho mil millones de personas hayan recibido esa información. Las células de nuestro cuerpo hacen eso todo el tiempo. Sin embargo, ellas son un número algo como miles de millares de millones, o sea, miles de veces más que el número de personas que existen en la Tierra.

Esa comunicación es tan delicada y sutil que la cantidad de moléculas extracelulares envueltas en la comunicación celular puede cambiar el contenido del mensaje. Es por eso, que un remedio se puede transformar en un veneno por altas dosis. O la cocaína presente en la hoja de coca se vuelve un veneno en la sobredosis de la substancia refinada.

El sistema de comunicación (o de señalización) celular involucrado en el sistema inmunológico forma un flujograma mucho más complejo que el de la mayoría de los programas de las computadoras. Son infinitos los atajos, caminos, *loops*, en fin, un mapa bastante complicado.

Existe un fenómeno en la biología propio de la embriogénesis, o sea, el proceso que va desde la fecundación del óvulo hasta la formación completa del organismo. Ese fenómeno es el de la diferenciación celular. La célula original, fecundada, comienza a dividirse exponencialmente. Eran dos y se vuelven cuatro, cuatro se vuelven ocho y así sucesivamente hasta alcanzar los millares de millones de células de un ser humano. Es una aplicación práctica del crecimiento exponencial. En apenas pocas decenas de divisiones, el número de células se vuelve gigantesco. Haga una experiencia. Use una calculadora científica de su móvil o celular y multiplique dos por dos, sucesivamente. Cuente cuantas veces usted tiene que repetir la operación antes de que las dieciséis cifras decimales de la calculadora se agoten.

Al inicio, las células son idénticas, al final, ellas contienen el mismo ADN. Como se opera la diferenciación celular, o sea, como cada célula comienza a diferenciarse en algo distinto y forma a los diversos órganos que componen al cuerpo humano, nadie lo sabe muy bien. Los investigadores saben que, si una célula aún no se ha 'comprometido' con una función determinada y la retiran de un lugar para ponerla en otro, ella se comportará y se modificará para asumir las características del nuevo lugar. Pero, en el caso de que la célula ya haya sido 'comprometida', su función original será irreversible.
Parece evidente que la única forma para que las células se diferencien organizadamente sea por medio de un riguroso sistema de comunicación entre ellas. Como si tuvieran que entrar en acuerdo para que cada una sepa lo que hará y adonde. En la práctica, se trata de algo mucho más complicado.

Un ejemplo aún más intrigante sobre la diferenciación celular es la formación de la placenta. Esa diferenciación presupone una acción coordinada entre las células de la madre y las del bebé, inclusive con auto exterminio de muchas de las células de la pared uterina, de forma a crear una apertura para la irrigación sanguínea, teniendo en vista que el cordón umbilical necesita recibir a los nutrientes para transportarlos al bebé.

Hay, también, un intenso intercambio de informaciones celulares que implican al sistema inmunológico, donde la madre fornece anticuerpos al bebé. O sea, la comunicación celular ocurre entre dos individuos diferentes, con distintos ADN. Y, aunque la inserción de células exógenas en cualquier organismo crea una reacción inmunológica, como bien saben los trasplantados, la comunicación celular entre las células del bebé y las de la madre permite una convivencia armónica entre ambas. Esa comunicación entre las células de madre e hijo, organismos diferentes, demuestra una cooperación celular extracorpórea bastante curiosa y muy poco común. Es necesario un intercambio muy intenso de informaciones para que las células de la madre no reconozcan a las células del bebé como siendo una invasión épica.

Otro caso de comunicación celular entre nuestras células y células exógenas sucede en el sistema digestivo. Estudios, como el que ha sido publicado en el 2017, realizados en conjunto por el Departamento de Farmacología de la Universidad de Santa Catarina en Brasil y el Departamento de Anatomía y Neurociencia de la Universidad College Cork, en Irlanda, han revelado como la composición de la flora intestinal puede participar de la fisiología normal del individuo. Muestran, también, que hay una asociación entre las alteraciones de la composición y diversidad de la flora intestinal con el desarrollo de diversas enfermedades psiquiátricas. Esa comunicación entre cerebro y el intestino tiende a suceder por medio de la utilización de diferentes vías, como la comunicación por medio endócrino, inmunológico y/o neuronal.

Estudios pré-clínicos en animales, cuja flora intestinal fue alterada, sugieren que las bacterias intestinales regulan varios genes y neurotransmisores involucrados en la modulación de enfermedades psiquiátricas, como ansiedad, depresión y autismo. En resumen, existe, aparentemente, una comunicación entre las bacterias de la flora intestinal y de las células de nuestro sistema digestivo. Pero, la comunicación no se limita a este campo y llega hasta al sistema nervioso. De hecho, esa interacción entre las bacterias y nuestras células tiene causa efectos en el cuerpo. Un desequilibrio, en ese sentido, puede ser la causa hasta de enfermedades psiquiátricas. Conocer mejor esta comunicación puede llevar a descubrir nuevas formas de tratamiento.

Por otro lado, esa comunicación entre células endógenas y células exógenas; la cooperación entre nuestras células y las bacterias, forman una simbiosis y todo esto nos lleva a un cuestionamiento filosófico. ¿Dónde acaba 'nuestro ser' si las bacterias están completamente integradas a nuestra fisiología? Pero, la integración endógena/exógena no se da apenas a través del contacto de nuestras células con las bacterias. Necesitamos, también, de los aminoácidos esenciales que somos incapaces de producir en nuestro organismo. A esos aminoácidos los obtenemos por medio de la alimentación. Ambos fenómenos son la demostración de que nuestra existencia no está aislada de la naturaleza. Ya retornaré a discurrir sobre esto.

La comunicación celular es un proceso de extrema complejidad. Es importante saber que los innúmeros compuestos hechos de Hidrógeno, Carbono, Nitrógeno y Oxígeno funcionan como mensajes que se encuentran en nuestros cuerpos receptores. Esos mensajes pueden venir desde afuera de nuestro organismo y van a interactuar con nuestras células, inclusive, con las del cerebro, o pueden salir de nuestro propio cerebro, a partir de nuestra comprensión de la realidad exterior. Si, por ejemplo, la realidad exterior se presenta como desafiadora, las células necesitan recibir a la información precisa para promover la reacción adecuada. Así, cuanto más realistas seamos, cuanto más en sintonía con la realidad podamos estar, más adecuadas serán las reacciones de nuestro cuerpo, a partir de las informaciones recibidas.

Un hecho sorprendente, descubierto solamente en esta última década, es la fabricación de un neurotransmisor por células específicas del sistema inmunológico, los linfocitos T, que son un tipo de leucocitos, también conocidos como glóbulos blancos. Son producidos en la medula ósea, también conocida como tuétano. El estudio fue realizado por científicos de diversos países y publicado en la revista *Science* en octubre del 2011. El proceso comienza en el cerebro, con potenciales de acción en el nervio vago, el cual regula a los linfocitos T. Estos, a su vez, producen el neurotransmisor, acetilcolina.

Se creía que ese neurotransmisor, relacionado, en el cerebro, con la memoria y el aprendizaje, era producido apenas por el cerebro. El hecho de que también sea producido por células del sistema inmunológico y en conexión directa con el sistema nervioso, da la certitud del vínculo estrecho entre el cuerpo y la mente. Técnicamente, ni siquiera existe tal diferenciación. Uno de los científicos, responsable por el estudio, el bioquímico Tak Mak, dijo que eso significa "que las células inmunológicas piensan, porque, así como el cerebro, ellas producen neurotransmisores, en este caso, para eliminar infecciones crónicas". En otras palabras, él dijo que su cerebro charla con su sistema inmunológico.

Existen dos formas de que podamos ser administradores de la red social de la cual hacen parte las células de nuestro cuerpo: por mensajes producidas internamente, por medio de nuestro pensamiento y/o por el control de lo que entra como mensaje exterior a nuestro cuerpo, por medio de la respiración, la alimentación y hasta de lo que entra en contacto con nuestra piel. O sea, es importante cultivar una visión realista, pero que no prolongue una sensación de amenaza que se vuelva causa de una reacción de estrés crónico. También es importante una alimentación saludable y equilibrada pues, realiza el control de las informaciones químicas que absorbemos del mundo exterior. Es esencial, también, permanecer distante de la polución, pero ¿quién puede lograr eso, actualmente? Tal como en las relaciones sociales, tenemos que combatir a los boatos, los *fake news,* a los mal entendidos, los cuales tienen el potencial de ser causa de enfermedades graves. Pero, de la misma forma que en las relaciones sociales, es difícil librar a nuestras células de esas *fake news* nocivos.

Vacíe lo que esté lleno. Llene lo que esté vacío.

EQUILIBRIO DE LA MENTE. Flujo continuo. Llene lo que esté vacío. Vacíe lo que esté lleno. Sea el alimento y sus nutrientes, sea el aire que respiramos, sea los pensamientos. Sean neurotransmisores que excitan e inhiben. Sean cationes (átomos con carga positiva), o sean aniones (átomos con carga negativa).

El estrés es causado por un instinto natural, es la reacción de nuestro cuerpo frente a una situación crítica: luchar o huir. Tanto para luchar como para huir son necesarias las hormonas que preparan a nuestro cuerpo para una acción de emergencia. La principal y más conocida es la adrenalina. Esa reacción es saludable y hasta esencial. Sin embargo, el estrés continuo produce el acúmulo de cortisol, el cual combate a los efectos del estrés y tiene efecto antiinflamatorio es capaz de influenciar el nivel de azúcar en la sangre y la presión arterial. El exceso de cortisol se configura como un desequilibrio.

El cortisol elevado puede causar:

- Pérdida de la masa muscular

- Aumento de peso

- Aumento de las posibilidades de osteoporosis

- Dificultad de aprendizaje

- Bajo crecimiento

- Disminución de la testosterona
- Lapsos de memoria
- Aumento de sed y de la frecuencia de orinar
- Disminución del apetito sexual
- Menstruación irregular

Según muchos estudios, la práctica continua de la meditación causa los siguientes efectos en el cuerpo:
- Disminuye la frecuencia cardiaca
- Normaliza la presión sanguínea
- Tranquiliza la respiración
- Reduce las hormonas del estrés
- Reduce el sudor
- Fortalece la inmunidad

En un estudio, conducido por científicos de renombre, miembros de la Sociedad para las Neurociencias, una entidad que abarca estudiosos de todo el mundo, se destacó el *scan* de una resonancia magnética del cerebro de una persona en estado de reposo, con dolor y durante la meditación, con dolor también. Fue posible notar que el campo involucrado en el proceso de dolor es mayor en la imagen del cerebro de la persona cuando no está meditando, en contraposición a la imagen producida después del proceso de meditación. Existen muchos otros estudios del *scan* por resonancia magnética cuyos resultados son semejantes.

Otro estudio conducido en la Universidad de Harvard parece demostrar que haya habido efectiva reducción de la presión sanguínea y modificación de la expresión de los genes en, aproximadamente, la mitad de las personas que practicaron meditación durante dos meses. La Universidad de Harvard tiene diversas iniciativas dedicadas al estudio de los efectos de la meditación y también ofrece cursos para quien desee practicarla.

Hice mención a esos dos estudios, pero, existen innúmeros otros al alcance del toque de una tecla.

Parece que la mente humana tuviera una tendencia de apegarse más a hechos negativos que positivos, probablemente, también debido a un mecanismo de seguridad. Para mantener el equilibrio, vaciar la mente de pensamientos negativos y llenarla de pensamientos positivos puede ser una actividad a nuestro alcance y que nos equilibra. Podemos, por ejemplo, expresar, mentalmente, nuestra gratitud. Gratitud por todos y por todo. El pensamiento de gratitud es extremamente positivo para la mente y, por consiguiente, para el cuerpo.

La gratitud es un sentimiento, pero es, al mismo tiempo, una tomada de conciencia. Conciencia de que no somos seres aislados, de que estamos conectados a todas las cosas. Gratitud es aceptar esa realidad, celebrándola. Gratitud es también un ejercicio de humildad.

La mente puede hacer con que recuerdos de momentos de sufrimiento vuelvan a la memoria de forma obsesiva, lo mismo con preocupaciones con relación al futuro. Esos pensamientos, probablemente, sean mecanismos de seguridad, la mente elabora los hechos y trata de anticiparlos. Pero, esos pensamientos, si dominan toda la mente pueden llegar a ser muy perturbadores. Cuando esos pensamientos, que remeten al pasado y al futuro, impiden una visión clara del presente, se instala en la mente un proceso enfermizo. Los neurotransmisores activados por la mente no ven más al presente como algo pertinente. Hay un desajuste entre el neurotransmisor fornecido y la necesidad real. El desajuste puede llevar al cuerpo a recibir estímulos en el momento en el cual necesita de reposo, o pedir reposo en el momento en el cual debería estar en alerta máximo.

Imaginemos que la mente sea como el famoso entrecruzamiento del barrio Shibuya, en Tokio. Para visualizarlo, recomiendo asistir a un video en *internet*. Es una imagen impactante ver a las centenas de personas que atraviesan la calle. Los pensamientos surgen continuamente, como las personas que aparecen, literalmente, en todas las direcciones. Ese entrecruzamiento en especial tiene una característica que lo distingue. Existe un cruce de pedestres que une a dos esquinas opuestas. Pero, es posible coordinar al flujo de personas y de autos, con el uso de herramientas y de técnicas correctas. Lo mismo puede suceder con el fluir de los pensamientos.

Otra forma de tratar de visualizar lo que estoy empeñándome por decir, sería pensar en el agua que necesita fluir por una canaleta. Si cavamos agujeros en el recorrido de la canaleta, el agua se quedará empozada con todas las consecuencias ruines de esas pozas. En la mente, los pensamientos necesitan pasar libremente. Las únicas pozas que deseamos son las de aquellas informaciones que necesitamos guardar, sino tendremos memorias de sufrimientos que ocuparán el lugar, esperando por ser drenados. A veces, la manera como tratamos le drenar a esas pozas de sufrimiento, apenas lo hacen mayor, como con el abuso de substancias tóxicas o con el exceso de alimentos.

AYUDA MUCHO QUIEN NO SE INTERPONE EN EL CAMINO

> *Con 'mindfulness', usted entrena su mente por medio de la observación, en vez de involucrarse con el contenido de los pensamientos.*

Discurrí sobre algunos procesos que suceden en nuestro organismo constantemente, y que reciben la influencia de lo que pasa en nuestra mente. Como dije, esos procesos envuelven a millares de millones de células que se comunican permanentemente, recibiendo, enviando, ampliando mensajes del tipo ¡"está haciendo más calor, libere sudor"; "faltó oxígeno, prepárese para desmayar"; "corazón con demandas, acelere las batidas"; "se está armando una pelea, prepárese para enfrentarla o correr"; "ataque de bacterias asesinas, inicie contramedidas"! Y, así, sucesivamente. Eso es lo que, literalmente, pasa todo el tiempo. Nuestros órganos y células están en una batalla permanente para mantenernos vivos. Para eso es que sucede la comunicación, como vimos, inclusive entre nuestras células y células con ADN diferente al nuestro.

Confieso que, al escribir este texto, muchas veces pensé en mis propias células, en su trabajo permanente y agotador. Ya me daba cierta angustia pensar en el corazón que trabaja incansablemente durante toda nuestra vida sin nunca fallar. Él no puede decir: "gente, esperen un poco que voy a descansar un poco". Cada latido de nuestros corazones es un milagro que salva nuestras vidas. Si él resuelve descansar, nosotros descansaremos para siempre. Mi angustia, ahora, abarca el trabajo incansable de las células.

Es verdad que no tenemos control consciente de lo que están haciendo nuestras células, ellas no se paran para pedirnos autorización. Imagine, "ven aquí, estoy pensando en producir un poco más de ácido, eso que estás comiendo ahora es pura grasa, no va a caer bien. ¿Puedo?" Felizmente, ese tipo de diálogo no es necesario que suceda. Pero, conseguimos dar algunas pistas generales.

Pues, básicamente, tenemos tres posibles estados mentales. Estoy feliz, la vida es bella. Estoy mal, nada vale la pena, sería mejor morir hoy. Y un estado neutral, estoy a gusto, apenas disfrutando del momento. Uno, a veces, va hacia los extremos, pasando por el centro, y eso, varias veces al día. Cada uno de esos estados deja a la comunicación celular en un estado equivalente. Si la variación tiene una inclinación hacia lo negativo, lo que lleva a la célula a trabajar más para superar al momento ruin, tenemos que vivenciar al momento ruin, para dar el debido tiempo a la reacción, sin crear un *loop* de sufrimiento.

Para quien no sabe, *loop,* era, originalmente, una acrobacia aérea, en la cual el piloto describía un círculo vertical con el avión, volviendo al punto de partida. Esa expresión, la adoptaron, entre otros, los de la ciencia de la computación, para describir una instrucción a la computadora para que vuelva a un cierto punto y aguarde un nuevo dato para que sea procesado. Una falla en la programación, como, por ejemplo, una condición matemática imposible de obtenerse ("pare la operación cuando 2 sea mayor que 4"), hace con que la computadora no siga adelante con el procesamiento de los datos y vuelva al punto de partida, el llamado *loop* infinito.

Para ilustrar una situación de ese tipo, hago referencia a un romance, recomendado por mi hijo, el *Ardil 22*. Se trata de una sátira sobre la burocracia del ejército y lo insano de la guerra. Ardil 22 sigue a un soldado norteamericano llamado Yossarian, un inconformado porque su propio ejército aumenta el número de misiones que un soldado necesita completar para poder librarse del servicio militar. La única forma que Yossarian encuentra para evitar a las misiones es declarándose insano, pero la única manera de probar que enloqueció es colocándose a disposición para embarcar en las misiones más peligrosas, creando al absurdo Ardil 22 del romance. Eso sirve como imagen para lo que queremos ilustrar, quedarnos aprisionados, retornando al punto que causa dolor y no pudiendo encontrar una salida para el dolor, como el pobre Yossarian, que no consigue salir del ejército. Un pensamiento en círculo vicioso. Para salir del *loop* infinito es preciso algún tipo de intervención. Es necesaria una nueva instrucción libertadora.

Obsérvese que no estoy sugiriendo que se evite a los momentos ruines o que se piense en ellos como si fueran buenos, engañándose a si mismo. Momentos ruines suceden todo el tiempo, hacen parte de la vida y no tenemos control sobre ellos. En primer lugar, necesitamos ser realistas y darle al problema su exacta medida. No tratar de fingir que no existe ni tampoco supervalorarlo. Es posible que al buscar la mejor manera de enfrentar un problema o de tomar una decisión, suceda una batalla en nuestra mente, a un nivel inconsciente de la actividad cerebral. Nuestra mente no es totalmente consciente por un buen motivo.

Hay una decena de acciones que serían ejecutadas mucho más lentamente bajo la supervisión directa de la mente consciente. Yo aprendí a digitalizar en el teclado, en realidad, a dactilografiar, como era llamada la digitalización en las obsoletas máquinas de escribir. En la escuela de aquel entonces, los cuatro dedos de la mano izquierda quedaban apoyados en las teclas de letras, ASDF y los cuatro de la mano derecha, apoyados sobre las teclas de las letras, JKLÇ; los dedos indicadores se estiraban hasta alcanzar la G y la H y así, todos los ocho seguían hacia arriba y hacia abajo, para alcanzar las demás letras y a los caracteres. El dedo pulgar tenía la tarea exclusiva de apretar la tecla de la barra de espacio. Hago eso con agilidad, hace más de treinta años.

Mi primera profesión fue la de dactilógrafo o digitador. Pero, excepto el ASDFG, no tengo en la memoria a ningún otro carácter. No en la memoria consciente. Pero, mis dedos saben muy bien, soy capaz de digitalizar sin mirar ni una vez hacia el teclado: "a b c ç d e f g h i j k l m n o p q r s t u v w x y z". El problema de la mente inconsciente es que ella no tiene tanto compromiso con la realidad exterior. Si cambiaran a las teclas de lugar, yo ya no sería capaz de acertar automáticamente.

La mente inconsciente tiende a actuar mecánicamente y, por eso, puede llevarnos a un *loop* infinito, a veces, en búsqueda de una condición muy difícil o imposible de ser implementada. Es como alguien que fue demitido injustamente y, en lugar de seguir viviendo, mientras espera una decisión favorable del juez, deja de vivir, se queda paralizado en el recuerdo del día en el cual se sintió humillado por la demisión que considera injusta. Todo en su vida se resume a recuperar el empleo, lo que no está bajo su control y, en lugar de encontrar otro trabajo, eventualmente, en algún lugar en el que sería más feliz que en el lugar en el que él cree haber sufrido una injusticia, sigue insistiendo, aunque en este lugar gane menos. Yo fui testigo de una situación exactamente como esa, vivida por un gerente de banco, que hacía cinco años que había sido demitido pero que aún estaba en búsqueda de una reparación por la injusticia que creía haber sufrido. Trágicamente, él había hecho todo lo que yo pensaba que él podía hacer para seguir adelante. Pero, la nube a su alrededor, constituida por fragmentos del día que lo demitieron, no permitía que él retomara su profesión. Y, peor que eso, no le permitía su bien estar.

Otro ejemplo personal que ilustra lo que estoy diciendo es un hecho que me sucedió a mí. Durante mi infancia y adolescencia tuve, una que otra vez, crisis de sonambulismo. Una vez, cuando tenía, más o menos, unos catorce años, me vieron poniendo pasta de maní en una olla especial de hacer pororó. Mi mente consciente estaba profundamente dormida. Pero, mi mente inconsciente, estaba decidida a hacer pororó. Entonces, la lata de pasta de maní era bastante parecida con la lata de manteca como para que la mente pudiera seguir con el intento. Felizmente, abandoné la olla antes de ascender el fuego.

Pasé muchos años sin ningún otro episodio semejante. Hasta cuando recibí la receta de un remedio "solo para inducir el comienzo del sueño", dijo la doctora. En la primera vez que me dormí, me desperté en un cuarto repleto de algas marinas. No me asusté, me quedé un tanto encantado con aquello, pero percibí que estaba durmiendo de ojos abiertos y volví a acostarme. Al día siguiente se lo relaté a la médica y ella me dijo que nunca había oído hablar de ningún efecto colateral de ese remedio. Debe haber sido coincidencia, concluyó. Leí la bula. No se refería a sonambulismo. Pasaron algunos otros días y no tuve problemas para dormir. Pero, al primer síntoma de insomnio, tomé el remedio. Me desperté con cuatro naranjas cortadas y con el cuchillo más afilado del cajón, en mis manos. No son poco comunes los accidentes con sonámbulos, algunos accidentes trágicos, inclusive.

Investigando en la *internet,* encontré un artículo sobre crímenes ocurridos por efectos del sonambulismo. Dos casos semejantes y muy trágicos, en los cuales los maridos habían asesinado a sus esposas y, en la defensa, alegaban que habían estado dormidos. Uno de ellos fue absuelto. El otro condenado. Muy triste toda la historia. Nunca más me acerqué de tal remedio. Y nunca más anduve como sonámbulo. Creo que la meditación haya mejorado la calidad de mi sueño.

Pero, toda esta palabrería ha sido por un motivo especial. Hasta aquí, todo lo que quise decir se puede resumir en lo siguiente: la mente inconsciente no tiene compromiso con la realidad. O, al menos, no al mismo nivel de compromiso que tiene la mente consciente. Ella puede deformar a los hechos y a las interpretaciones de los hechos. No sé si usted se acuerda de cuando hablamos sobre las ilusiones de óptica, dijimos que la mente hace suposiciones sobre la realidad, todo el tiempo. La mente inconsciente hace aún más suposiciones, pues, ella necesita ayudar en la tomada de decisiones, rápidamente. La mente inconsciente tiene fuerte influencia en nuestra visión de la realidad, hace, por ejemplo, con que algunas cosas parezcan más asustadoras de lo que son, o menos amenazadoras de lo que deberían parecernos, lo que se vuelve un peligro.

De ese modo, si no somos completamente autómatas, si no somos esclavos de una programación biológica, tenemos una buena parte de nosotros que es. Esa parte produce, inclusive, pensamientos. También tenemos una parte que es esclava de condicionamientos adquiridos socialmente. Para la psicología, condicionamiento es una reacción no natural, que procede de la repetición de un comportamiento, el cual lleva siempre a la misma acción. El condicionamiento es el que me tornó un excelente dactilógrafo, algo, actualmente, inútil. El condicionamiento es lo que hace con que un luchador de arte marcial reaccione con tanta rapidez, sin pensar en lo que está haciendo, o que un músico ejecute una composición de Sergei Rachmaninoff o a Las cuatro estaciones de Vivaldi, de una manera admirablemente ágil. Entonces, el condicionamiento es una cosa que puede ser buena. Pero, muchas veces, el condicionamiento puede ser contraproducente o hasta perjudicial.

En conclusión, nosotros no somos nuestros pensamientos. Existen diversos "yos" en la mente, como los filósofos, psicólogos, psicoanalistas, neuro-científicos, místicos y cualquiera que ya haya soñado, sabe. El sueño tiene un aspecto muy interesante, pues ahí los otros personajes actúan por cuenta propia, nos sorprenden, pueden hablar con nosotros, pueden agredirnos o agradarnos. ¿Cómo es posible que seamos agredidos por los personajes de nuestros sueños si ellos están en nuestra mente?

La explicación para eso, posiblemente, esté en los muchos "yos" que conviven en cada uno. Yo tengo una sospecha y me gustaría que un día eso fuera objeto de investigación para alguien. Creo que, al menos de modo general, en los sueños somos apenas un personaje más. No actuamos por voluntad propia. Seguimos el *script* general del sueño. Eso explica algunas cosas que hacemos y que no haríamos jamás en la vida real. Cosas perturbadoras, como agredir a alguien a quien jamás agrediríamos estando despiertos. Como cuando corté naranjas en estado de sonambulismo. Tengo la certidumbre de que yo no tomé la decisión de cortar a las naranjas. Entonces, algunos de esos "yos" son responsables por elaborar y traer a la consciencia pensamientos perturbadores.

Claro, no siempre son pensamientos dramáticos. Pueden ser sencillamente pensamientos aburridos, del tipo "¿Por qué yo tuve que decir aquello?" o, "¿Por qué ella tuvo que decir tal cosa?" Y, las preguntas sin respuestas se van sucediendo hasta formar un *loop* infinito. Algo así: "Si ella hubiera dicho otra cosa, yo habría dicho otra cosa, pero como yo dije lo que dije, ella me dijo lo que dijo y ahora ella se fue y no tengo más como decir lo que quería haber dicho, y, tal vez, hubiera oído lo que quería oír. Pero, ahora, ella se fue, y no tengo más como oír lo que quería haber oído. Ah Si yo hubiera dicho lo que debería haber dicho". Y así, hasta que se termina la madrugada, el sol brilla y tenemos que levantarnos sin haber dormido. Y aún con la posibilidad de volver a decir algo que no deberíamos, aumentada por el cansancio.

Así, el entrenamiento básico del *mindfulness* o meditación es dejar que los pensamientos afluyan y no luchar en contra de ellos, pero tampoco implicarse ni apegarse a ellos. Cuando surgen en la mente, se usa de algún artificio para recuperar el foco en el presente, como el de repetir una frase, un mantra, visualizar una imagen, tomar consciencia del proceso respiratorio, en el que se observa al aire entrando y saliendo de los pulmones. Es un proceso extremamente sencillo, pero, bastante eficaz para muchas personas. Posiblemente, el entrenamiento refuerce la actuación del "yo" consciente, volitivo, el "yo" que toma decisiones, actividades atribuidas al córtex pré-frontal, zona del cerebro característica de los seres humanos.

Y, finalmente, llegamos a la tercera frase que resume e, inclusive, da nombre a este capítulo: Ayuda mucho quien no se interpone en el camino. El cuerpo sabe muy bien de lo que necesita. Como dije antes, la mente y el cuerpo son, técnicamente, dos puntas de la misma cosa. La meditación ayuda a mantener un equilibrio saludable entre las diversas partes del cuerpo.

La meditación ha ayudado a muchas personas a recuperar la salud física y mental. Pero, la meditación apenas no es suficiente. Existen cuatro hábitos esenciales para una buena salud:

- Meditar

- Hacer ejercicios

- Estar en contacto con la naturaleza

- Alimentación equilibrada

En relación a la alimentación equilibrada, para ejemplificar la importancia, hago mención a la incapacidad del cuerpo humano de producir integralmente los neurotransmisores. Para fabricar la serotonina ($C_{10}H_{12}N_{20}$) es necesario ingerir triptófano ($C_{11}H_{12}N_2O_2$), que se encuentra en el pescado, en el pavo, en los huevos, las nueces, las castañas, las leguminosas (frijoles *azuki*, lentillas, soya), semillas de zapallo, levadura de cerveza, linaza, avena, arroz integral, chocolate amargo y queso tofu.

Para fabricar a la dopamina ($C_8H_{11}NO_2$), es necesario ingerir alimentos ricos en tirosina ($C9H11NO3$), como soya, huevos, pavo, codornices, gallinas, patos, mariscos como los cangrejos y el camarón, pescados como el bacalao, el atún y el salmón, carne de chancho, queso *cottage* y otros de bajo contenido de grasa, castañas tales como las almendras, el maní, las semillas de zapallo y de sésamo; los frijoles.

No es necesario memorizar toda esta lista de alimentos y no existen alimentos que hagan milagros. Basta una dieta diversificada, el famoso plato de varios colores y así, probablemente, estaremos ingiriendo todo lo que necesitamos. Lo que no se puede es seguir una dieta solo de arroz blanco o solo de *ramen*. Como ya fue dicho antes, esa diversidad de alimentos demuestra que estamos totalmente vinculados a toda la naturaleza que nos rodea. Nuestra vida solo es posible por medio de la interacción con los otros seres vivos. No nos basta criar vacas y deforestar inmensas áreas de florestas para que obtengamos lo que necesitamos. Al contrario, este puede ser un camino para nuestra extinción como especie.

La realidad es dinámica, está en permanente movimiento. El proceso de meditación busca un equilibrio, como un surfista que precisa ir exactamente a la misma velocidad de la ola. Si él se adelanta, pierde el impulso. Si el se atrasa, la ola quiebra, lo alcanza y, probablemente, lo derriba. El punto de equilibrio está apenas en el momento presente. En el caso del surfista, acompañar el momento presente es acompañar la velocidad del agua. De la misma forma, necesitamos vivenciar, atentamente, al momento presente en el flujo interminable del tiempo.

El entrenamiento de la meditación es una herramienta que, según innúmeros estudios, es eficaz para la manutención del equilibrio necesario entre todas las innúmeras fuerzas que actúan en nuestro organismo y para hacer frente a las amenazas a la salud perfecta. Y es una herramienta que no tiene costos, a no ser el de algunos minutos de su día.

Cada célula tiene su propio perfil en la red social del organismo vivo. Ese perfil se actualiza a cada segundo. Cada célula reacciona a otra célula con un *like* o compartiendo. Dejar que esa comunicación fluya naturalmente y tratar de evitar que las substancias que ingerimos causen ruido en la comunicación interna de nuestro cuerpo son medidas esenciales para una buena salud.

El estado de equilibrio alcanzado por medio de la meditación permite a muchas personas que vislumbren una consciencia más amplia de la realidad y, aportan, eventualmente, algunos elementos a lo que sería una literatura del Carbono. Es un programa que cuenta con apreciable valor costo-beneficio y que está al alcance de todos aquellos que deseen probarlo.

Tengo una particular simpatía por los trazos generales del *budismo,* a pesar de no ser un profundo conocedor del tema. Por ahora, tengo cierta dificultad de imaginarme practicando las complejas visualizaciones y adoptando las actitudes necesarias a una práctica correcta de meditación budista tibetana, por ejemplo, las cuales parecen demandar una disciplina que no observo en mí.

En el curso de un fin de semana que recibí de una persona, altamente calificada, portadora de una simpatía y gentileza admirables, pude entrar en contacto con la instrucción de técnicas sofisticadas y complejas de un tipo de meditación por visualización. El ejercicio que esa persona, totalmente dedicada a enseñar propuso, me pareció lindo y fascinante. Pues tengo la certidumbre de los efectos benéficos que debe causar. Pero, el esfuerzo para hacer esas visualizaciones es enorme. Y eso que se trata de una técnica para iniciantes. Hay uno de los métodos budistas tibetanos para buscar la calma mental (*samatha*), donde se mencionan cinco obstáculos. Y no es por casualidad, que el primero sea la pereza, pues debe ser el obstáculo más común.

Tal vez, para usted, sea necesario algún tipo de preparación antes de comenzar a meditar. Un retiro, por ejemplo, en donde usted tenga la oportunidad de dedicar todas sus energías a la práctica de la meditación, puede ser un camino. Lecturas, charlas y cursos pueden despertar curiosidad y crean estímulo para vencer a la pereza. Ese fue el caminó que me sirvió a mi.

En ese camino, frecuenté un curso sobre una técnica de meditación basada en lo esencial de las técnicas de meditación del budismo tibetano, conocida como CBCT (*Cognitively-based Compassion Training,* o Entrenamiento Cognitivo Basado en la Compasión). Mi instructor, excelente, fue Bruno Vichi, quien es también el Lama Karma Wangdu. Él recibió orientación espiritual durante su retiro de tres años, del propio Kyabje Kalu Rinpoche. La técnica del CBCT es mucho más sencilla que las técnicas originales que la inspiraron. Aun así, tengo dificultad de practicarla en el día a día aunque me guste mucho.

La técnica de meditación practicada por mí es extremamente sencilla y me parece eficiente. Y, siento, en la práctica sus efectos positivos. Sé que hay otros niveles y que es posible que yo termine por aprender muchas otras técnicas más sofisticadas. Digo eso para llamar la atención de que existen muchos caminos para la meditación, muchos de los cuales no tienen vínculos formales con ninguna filosofía religiosa, pero, es imposible no reconocer, aún en técnicas no religiosas, como las genéricamente llamadas de *mindfulness,* algunos principios fundamentales originados de las prácticas de meditación creadas en el Oriente.

Creo que lo importante es que pruebe algunos métodos diferentes, estén o no vinculados a una filosofía religiosa y, a partir de su experiencia personal, usted decida cual el camino a seguir. La meditación debe ser un camino de libertad y, también, de liberación, porque es necesario que sea un medio de romper con los condicionamientos perjudiciales. Y no sirve de nada, substituir a esos condicionamientos por otros tan perjudiciales cuánto.

Pero, siendo así, es importante, también, recordar que todas las personas que enseñan la práctica de la meditación hayan tenido o no, formación religiosa, son seres humanos comunes, con las sombras y las luces que los seres humanos comunes arcamos. Por eso, es muy importante estar alerta para posibles manipulaciones pues, el contacto con la espiritualidad abre algunas puertas emocionales que pueden dejar a la persona expuesta al acceso de algún tipo de abuso o exploración.

A otro tema que me parece necesario darle énfasis es el tema del "orgullo espiritual". Me referí a eso anteriormente, citando lo que afirmó uno de mis instructores, de que no hay nada peor que ese tipo de orgullo. No tengo la certidumbre si es el peor de los orgullos, pero es, seguramente, el más contradictorio de ellos. Mi propuesta aquí y que pienso tenga su valor, es afirmar la naturaleza espiritual de todo y de todos. No hay nadie que sea "más espiritual" que nadie. Creo que todos somos frágiles y fuertes al mismo tiempo. Vulnerables e invencibles. Buscamos equilibrarnos de la mejor forma posible, pero, siempre puede suceder una caída.

Por eso, no debemos aceptar a lo que se conoce como "argumento de autoridad", aquel que se apoya en la reputación del defensor del argumento para validarla. Todos estamos sujetos a errar y a engañarnos. Podemos aceptar el conocimiento acumulado por aquellos que ya dedicaron su tiempo en la búsqueda de respuestas, sea en las ciencias, sea en la búsqueda espiritual, pero, no podemos aceptar ciegamente ninguna de esas propuestas. Hasta porque, muchas veces, valen más las preguntas que las respuestas.

También me parece importante reforzar que no debemos llevar demasiado a serio ninguna enseñanza o práctica. Debemos mantener una actitud de levedad y, si posible, un sentido del humor. El esfuerzo por buscar foco o la llamada, atención plena, si es con mucho sufrimiento, resulta contraproducente. La búsqueda de foco o de la atención plena es un ejercicio permanente, es el camino. No, la llegada.

Me acuerdo de la lección de un monje budista, un inglés que dedicó su vida al budismo y que yo tuve la oportunidad de oírlo personalmente. Él dijo que es importante percibir que el concepto de meditación oriental es diferente del nuestro que es más intelectualizado. Él dijo, también, que la idea que tenemos de foco es mucho más restrictiva de la idea que tienen en el oriente. Para ilustrar eso, comentó lo siguiente: si mostramos una fotografía de un tigre majestuoso en medio de la floresta y le pedimos a un niño occidental que foque en la imagen, probablemente, él solo verá al tigre. Según él, los niños orientales, tenderían a ver al tigre, pero también al contexto en el cual se encuentra, toda la floresta.

En términos físicos, nuestro esfuerzo por centrarnos en un foco, el modo como aprendemos eso en Occidente, puede llevar, literalmente, a fruncir el ceño creando una conocida expresión sombría, expresión de ceñudo, cascarrabias. Pero, se trata, justamente, de lo contrario de lo que se pretende alcanzar a través de la meditación. Se busca un estado de relajamiento, pero no un relajarse descuidado. Un relajamiento atento.

Es importante una postura erecta que favorezca la respiración, pero que no sea demasiado rígida o forzada. Es verdad que esa no es la postura que usamos, normalmente, a diario, al contrario de los orientales. Nosotros nos sentamos casi encima de la región lumbar, lo que no es saludable y puede causar dolores de columna, como sucedió conmigo, durante algún tiempo. Así, la posición recta de la meditación puede ser, inicialmente, mas inconfortable para nosotros, pero, la ventaja de esta posición es útil no solamente para la meditación.

Caminando hacia el final de esta conversación, espero que usted, lector, que se dispuso a llegar hasta aquí donde comparto algunas ideas y las dejo disponibles para las personas que quieran usarlas libremente, las pueda recibir con levedad, con alegría, con una actitud de celebración. Podemos no entender todo sobre la realidad. Pero, solo entenderemos un poco más de ella, si, al mismo tiempo que miramos hacia nosotros mismos, también somos capaces de alejarnos y ver al cuadro lo más ampliamente posible, en todas las direcciones, dimensiones de tiempo y espacio que podamos.

Al tener, apenas, esas dos perspectivas, aparentemente, opuestas será como la realidad interna, que vivenciamos por medio de nuestros sentidos, podrá estar más próxima de la realidad integrada, la interna y la exterior. Si conseguimos tener esa perspectiva amplia y profunda, pero con levedad, ciertamente, tendremos una vida más agradable. Veremos que no hay una verdadera oposición entre las realidades interna y externa, por el contrario, son dos manifestaciones de la misma esencia.

El Universo por entero, con probablemente cien mil millones de galaxias y diez millones de millones de estrellas, existe para que usted exista. No estoy afirmando que haya una intención, sentido, plan o propósito en eso. Pero, en la práctica es exactamente lo que sucede. Si el Universo no tuviera exactamente las propiedades que tiene, si él no se comportase exactamente de la forma que se comporta, usted no existiría. Su vida tiene la importancia del Universo entero. Que todos nosotros busquemos siempre la luz, porque es la luz que el Universo nos envía a todos nosotros, todos los días.

9 798551 835400